◆**變化繪卷**（上卷・部分）湯本豪一記念日本妖怪博物館（三次妖怪博物館）藏
出現在丹波國武士津田家屋敷的怪物。獨眼鬼是一種怪異的代表性存在，不斷出現在繪卷等作品中。

被鬼吃掉的人

創造出社會，構築文明的人類，是萬物之靈，立於生物界頂點。但是，卻還有會吃人的存在，那就是鬼。日本古典文獻中最早出現的鬼，是現身於出雲地方的獨眼鬼，村人在父母眼前被鬼殘暴地殺死、啃食。

從此，面對力量強大、無法抗衡的鬼，眾人只有恐懼的份，永遠屬於被捕食的那一方。日本歷史的背面，藏著這些鬼與人鬥爭的歷史。

被鬼吃掉的人

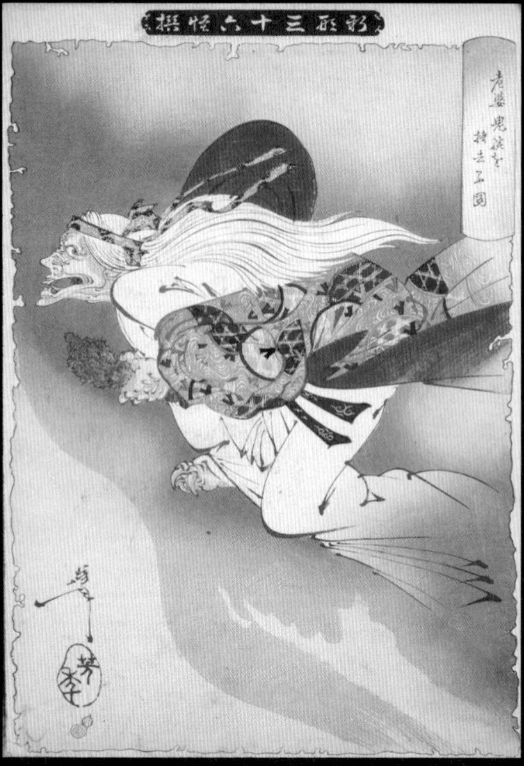

◆**新形三十六怪撰**（老婦鬼腕持去圖）被渡邊綱砍斷手的茨木童子，化身為綱的伯母，把手奪回。

◆**怪物繪卷**（片輪車）　湯本豪一記念日本妖怪博物館（三次妖怪博物館）藏
被熊熊火焰包覆的牛車妖怪。鬼和妖怪多半挑女性或嬰兒等柔弱的對象殺來吃。

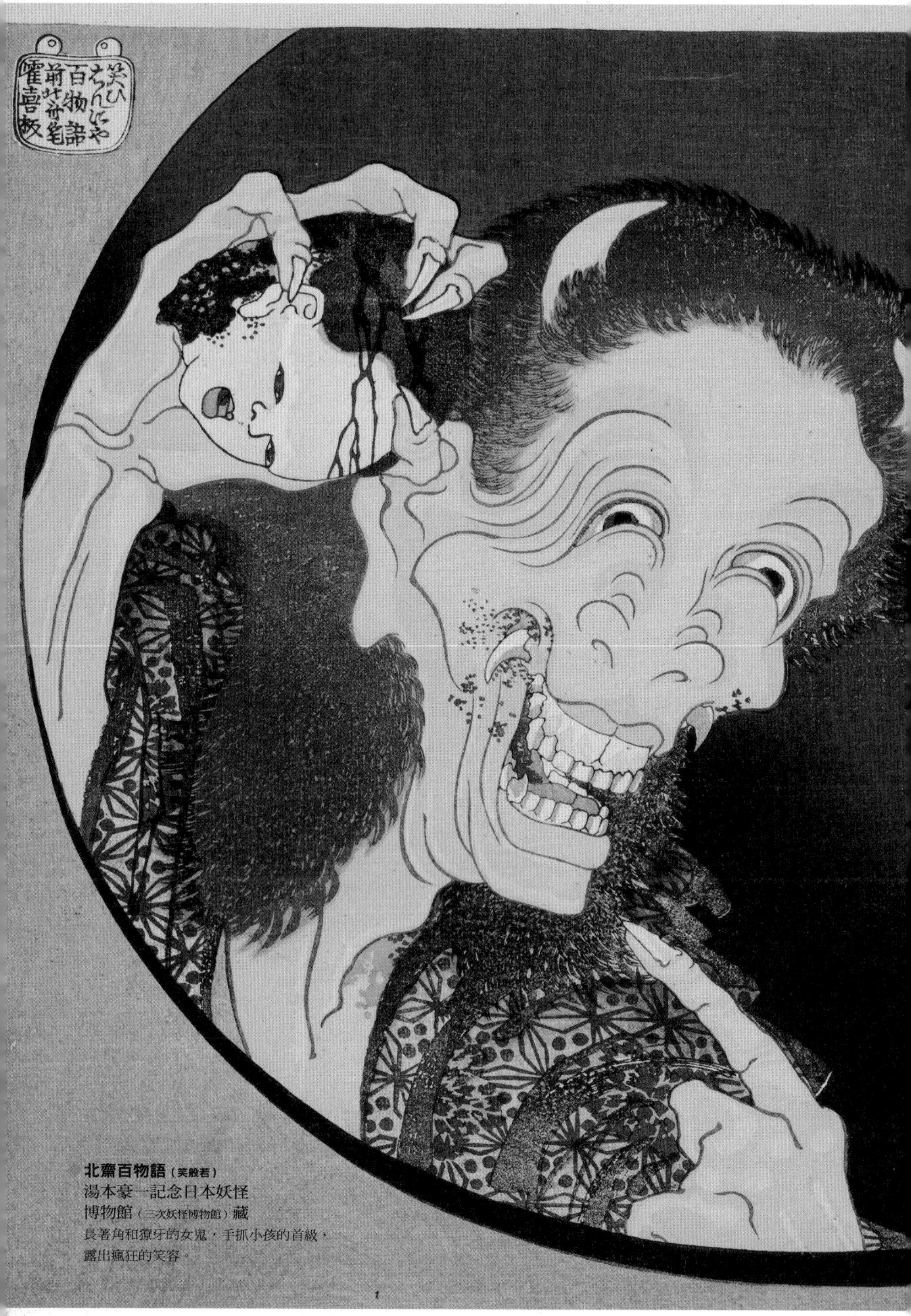

北齋百物語（笑般若）
湯本豪一記念日本妖怪博物館（三次妖怪博物館）藏
長著角和獠牙的女鬼，手抓小孩的首級，露出瘋狂的笑容。

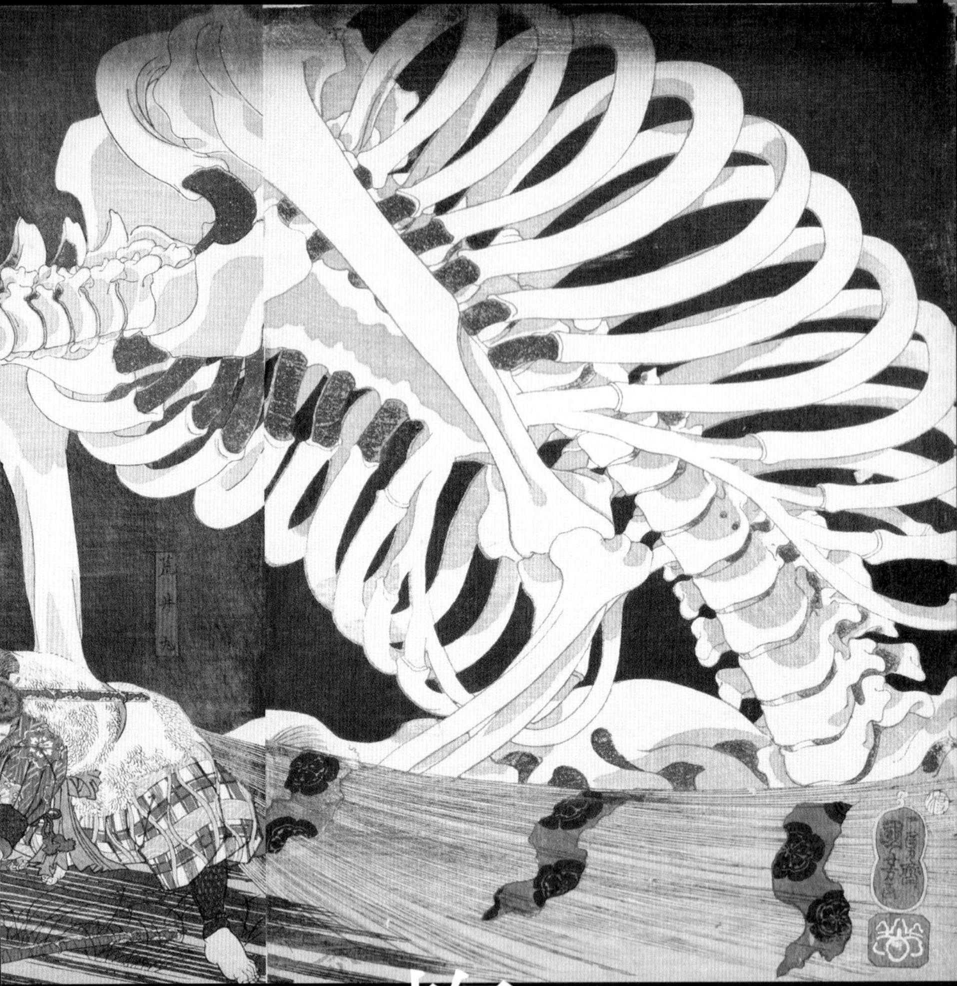

◆**瀧夜叉姬與骸骨圖**
平將門的女兒——瀧夜叉姬——試圖施展妖術為將門報仇，遭使用陰陽術的大宅光　一行人消滅。

施展妖術的眾鬼

◆**怪物畫本**
湯本豪一記念日本妖怪博物館（三次妖怪博物館）藏
六条御息所因嫉妒心化作女鬼現身，據說她不但襲擊情敵葵之上，還襲擊了協助葵之上的修驗者。

鬼並不是只從其異形之姿發揮超人的身體能力，在平安時代，陰陽道的發展讓人得以使用咒術，鬼為了對抗人，也開始施展妖術，召喚骷髏之靈、巨大蜘蛛、蛇、蛙、鏡子等怪物，或是隨心所欲在空中飛翔、呼風喚雨等，使用超越人智的特殊能力來折磨眾人。此外，受到壓制的女性們，會因怨恨、憎惡等情感而化作鬼。

◆**百物語繪卷**（部分）

湯本豪一記念日本妖怪博物館（三次妖怪博物館）藏

這是根據江戶時代武士稻生平太郎實際體驗的故事製作成的繪卷，
在宅邸的1個月當中，出現了各式各樣的鬼怪。

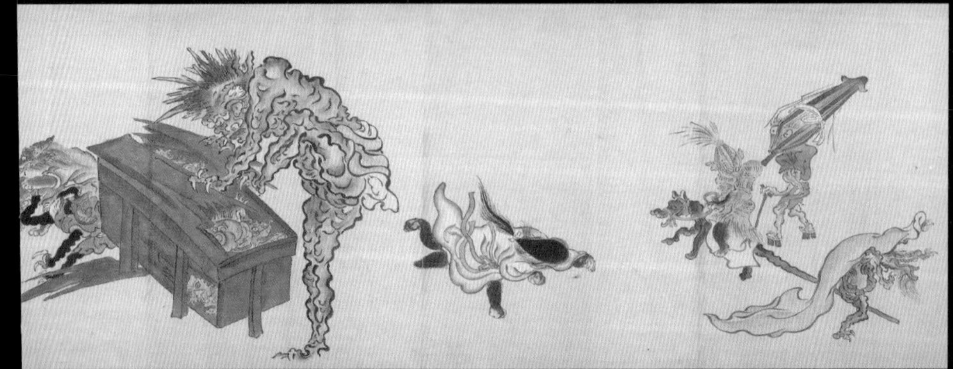

鬼的大量出現

原本多半單獨出現的鬼，不久開始在都市區大量出沒。被稱為百鬼夜行的群鬼大量出現，包括有靈的舊鍋子或琵琶等，或是像爬蟲類、兩棲類的異形等，鬼的樣貌種類劇增。眾多妖怪大肆作祟的百鬼夜行和各種怪異譚，都被畫在室町時代到大正時代間的繪卷或浮世繪，讓人毛骨悚然。

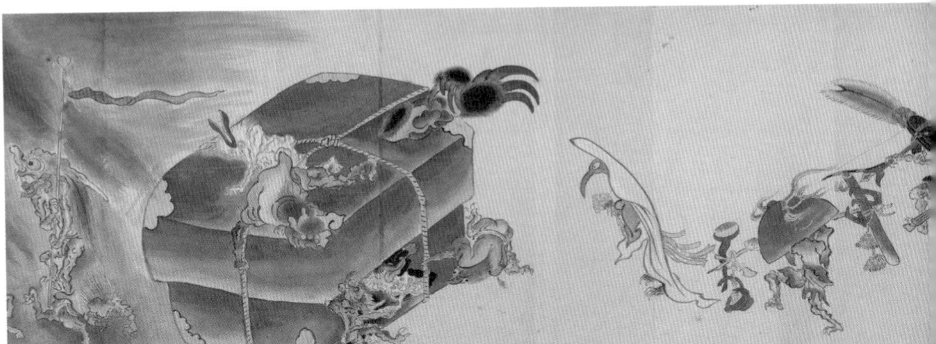

◆**百鬼夜行繪卷**　由眾多鬼及妖怪形成的百鬼夜行行列，有些外貌近似人，也有的是器物或異形生物等妖怪。

鬼與人的戰爭

◆**源賴光公館土蜘蛛妖怪出現圖**
湯本豪一記念日本妖怪博物館（三次妖怪博物館）藏
與出現在源賴光宅邸的土蜘蛛戰鬥的賴光及四天王。人與鬼的戰爭從平安時代後期逐漸激烈化。

鬼誕生之後，人原本只能束手遭捕食，在平安時代後期，立場逆轉，從被吃掉的一方，演變成打倒對方的一方。在那之前，是以陰陽師為主進行驅鬼、阻止鬼侵入；後來變得更積極排除、驅逐鬼。鬼開始變得不是絕對力量的象徵，而是可以被人討伐的存在。至此，鬼不再是可怕的存在，而是逐漸轉化為英雄們威武英勇程度的試金石。

◆大江山酒天童子繪卷物

鬼的魁首——酒吞童子，只剩下一顆頭，依舊猛烈攻擊源賴光，讓人見識到他對活下去的執著。

◆國寶　童子切安綱　東京國立博物館 藏　畫像提供：TNM Image Archives

天下五劍之一，據傳是砍下鬼的魁首——酒吞童子的頭的太刀。

◆戾橋女鬼退治　福岡市博物館 藏　畫像提供：福岡市博物館／DNPartcom

賴光四天王之一渡邊綱在京都的一条戾橋砍下鬼的手。

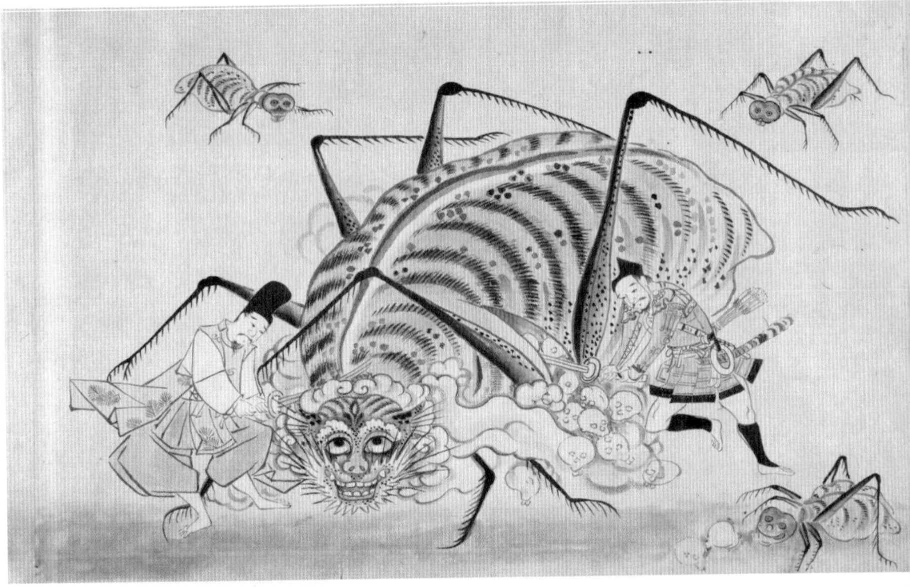

◆土蜘蛛草紙（摹本）　東京國立博物館 藏　畫像提供：TNM Image Archives

古代稱呼不服從朝廷的人為「土蜘蛛」，後來他們漸漸開始被描繪成巨大的蜘蛛妖。

鬼的眾人

並不單是妖怪，有時，人會把他人貶低為「鬼」，當作歧視、征服的對象。掌權的一方（朝廷）武力增強時，鬼就從不明底細的可疑存在，轉為在權鬥爭中落敗的反體制者或盜賊、受歧視者，這些被排除在社會外側的人，為對朝廷而言的黑暗存在。人類社會框架的完成，使得框架內側和外側的，區分愈加明確化，而外側的人，會被視為鬼、遭到討伐。

◆**佐藤正清化物退治**
福岡市博物館 藏
畫像提供：福岡市博物館／DNPartcom
此處的佐藤正清，指的是戰國時代武將——
加藤清正，描繪他赴四國討伐之際，
在深山征伐怪物的樣子。

被當成

◆**清水寺緣起繪卷 上卷**　畫像提供：TNM Image Archives
這幅繪卷描繪的是坂上田村麻呂討伐蝦夷，東北蝦夷的軍勢（左）被畫成鬼的模樣。

被當成鬼的眾人

◆**袴垂保輔鬼童丸術競圖**

描繪大亂京城的大盜賊——袴垂保輔（藤原保輔），和同樣盜賊、據傳是酒吞童子的小孩的鬼重丸在較量妖術的樣子。

月耕隨筆「淺茅原一家」

旅人造訪荒郊野外一棟房宅，被鬼婆婆殺死、奪走財物。全國各地都有同樣的故事。

◆**「髮切奇談」**

湯本豪一記念日本妖怪博物館（三次妖怪博物館）藏

這是描繪即將展開明治維新的慶應4年（1868），番町的武家屋敷（武士宅邸）深夜有女傭被全黑的妖魔攻擊、導致斷髮事件的錦繪。

現身於帝都東京的鬼

謂的鬼，是人在精神開始不穩定的時刻，「疑心暗鬼」下的產物，抑或是混亂社會局勢中，在社會框架之外的那些人本身。因此，江戶時代到明治的轉換點上，出現了許多怪異譚。文明開化後鬼依舊不滅，大家把戰爭中與日本作戰的美英軍，和現在殘忍的犯罪者，都稱為「鬼畜」，對鬼的恐懼感依舊深植心中。

◆**東京日日新聞 四百四十五號**

報導明治6年（1873），住在原柳原町的梅村豐太郎遇見三眼妖僧的事件。

天燈鬼立像（複製品．右）　**龍燈鬼立像**（複製品．左）
東京國立博物館 藏
畫像提供：TNM Image Archives
持燈火照亮佛前的鬼，表情分別是代表世界初始與結束的「阿」、「吽」。

佛世界的鬼

鬼被視為是危害眾人的存在、是那些在社會秩序框架之外的人。另一方面，例如負責帶犯了罪的人到地獄的獄卒鬼、或是折磨那些進地獄亡者的牛頭馬面等，有時候鬼又有取締惡人的一面。其實鬼同時也是一種守護佛世界的存在。

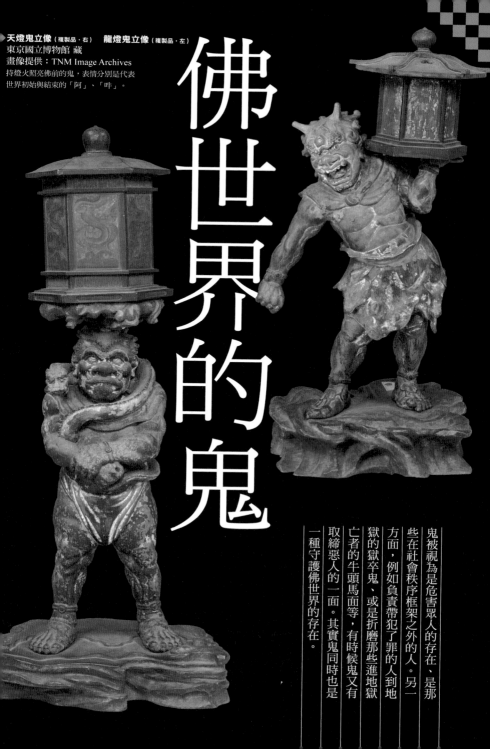

鬼滅的日本史

JAPANESE HISTORY OF DEMON SLAYERS

監修／小和田哲男
翻譯／李欣怡

前言

抽絲剝繭、逼近《鬼滅之刃》眾鬼根源

累計突破8000萬冊，堪稱全民漫畫

玩捉迷藏到處躲鬼、聽大人讀《桃太郎》繪本、節分的時候對著鬼撒豆子……。小孩都怕鬼，但對他們而言，鬼又是非常熟悉的存在，更別說長大後，大概很少人會相信「鬼」這種生物的存在。但是，到了令和時代，讓大人小孩都著迷的，卻依舊是傳統故事之一——「滅鬼」情節。

吾峠呼世晴老師的漫畫《鬼滅之刃》，在《週刊少年JUMP》（集英社）從

2016年11號連載到2020年24號，2019年4月開始播放動漫，自此人氣爆發，到了2020年7月，系列累積印刷冊數突破8000萬冊，儼然全民漫畫。

時代背景為大正時代，故事始於跨東京、山梨、埼玉三地的雲取山。與家人感情融洽、安穩度日的少年竈門炭治郎，一如往常到鎮上賣炭，第二天回到家，卻發現家裡遭鬼襲擊，家人慘死。唯一存活的妹妹禰豆子被鬼血噴到，已化作鬼。目睹殘酷現實的炭治郎，為了讓妹妹變回人類，加入政府未公認的殺鬼團體——鬼殺隊，投身治鬼之戰，開始追逐殺死家人、並且害禰豆子變成鬼的鬼之始祖——鬼無辻無慘。共205話完結的《鬼滅之刃》，因速度感十足的戰鬥場景及絕美的描寫等，得到極高評價，雖然是少年漫畫，同時也擄獲許多女性的芳心。

感動令和時代人心的嶄新治鬼故事

「日本最慈悲的治鬼故事。」

《鬼滅之刃》這句標語，顯示這個故事不單純是「善」與「惡」之戰，而是一個嶄新的治鬼故事，正視鬼的內心世界、不斷試圖讓光射進「惡」的漆黑角落。而一直以來被視作絕對之惡的鬼，也跟主角群一樣，有著悲痛的過去；對於身為敵對角色的鬼，作品同樣仔細描繪他們的背景，就是這些描寫，撼動了許多人的心。

鬼會吃人。這一點，不僅《鬼滅之刃》，是在日本古典文獻中也找得到的共通點，而這一點比什麼都意味著鬼是超越人類、居人類上位的存在，鬼就是將人帶往毀滅之途的角色。

另一方面，《鬼滅之刃》獨有的設定是，鬼被塑造成一種只能活在夜晚，照到陽光就會消滅的「弱小存在」。而且，無慘為了防止鬼的叛亂，控制眾鬼無法大量群聚。《鬼滅之刃》中的鬼，藉由化成鬼，忘卻悲痛的過去，同時卻也忘卻了身為人時快樂的時光，成為只能活在黑夜中的孤獨存在。

在《鬼滅之刃》中，鬼殺隊與鬼有許多類似的過去。即使有相同境遇，有人沒有變成鬼繼續活下去，也有人無法戰勝內心黑暗而化作鬼，作品中詳述了這些有著相同境遇、卻邁向不同道路雙方的對比。

那麼，在日本歷史上，人們是如何被鬼吃掉、又是如何擊敗他們的呢？本書帶你深入了解日本古典文獻中頻繁出現的鬼故事，藉由顯影深植於日本人精神土壤的鬼的存在，抽絲剝繭、逼近《鬼滅之刃》的背景。進一步，關於主角群像的背景，透過一窺向來被視為禁忌的歧視、棄兒等日本黑暗歷史，探索《鬼滅之刃》深奧的世界觀。

最後在此提醒，本書中有些敘述言及劇情始末，還沒讀完《鬼滅之刃》的讀者，建議先閱讀該作品。期盼本書能提供一個契機，讓讀者用不同角度享受《鬼滅之刃》的樂趣。

月耕隨筆「鬼之島」

像《桃太郎》等，自古以來許多日本古典文獻都有「治鬼」故事。

鬼滅的日本史

目次

前言 抽絲剝繭、逼近《鬼滅之刃》眾鬼根源……2

第1章 《鬼滅之刃》前史❶

人類捕食者——鬼的誕生……13

《鬼滅之刃》眾鬼源自日本古典文獻……14

鬼的誕生與進化歷史……18

最早的鬼之誕生……20

神話中描繪之異形怪物【古代】……20

最早的鬼——阿用鄉之鬼【古代】……22

真實版「手鬼」——兩面宿儺【古代】……24

組織化之眾鬼……26

真實版無限城之戰——鬼之城與溫羅【古代】……26

讓仲哀天皇以命抵命的鬼——塵輪【古代】……30

真實版玉壺——封進甕中之鬼【古代】……32

血鬼術的出現……34

真實版「沼澤鬼」——英胡、輕足、土熊【七世紀】……34

真實版血鬼術戰鬥——藤原千方的四鬼【七世紀】……36

自願化身為鬼的人 38
真實版黑死牟——役小角【七世紀】 38
變鬼復仇的人鬼 42
真實版累——八郎滿胤【八世紀】 42
化作鬼的女人——宇治的橋姬【九世紀】 44
真實版蛇鬼——清姬【十世紀】 46
食女人鬼 48
愛吃女人的鬼——鬼一口【八～九世紀】 48
鬼的大量出現 50
真實版無限城之鬼——百鬼夜行【十世紀】 50
人與鬼生下的半鬼半人 52
真實版愈史郎——鬼之子小綱 52
專欄 繼續存活在現代的鬼子孫 54

第2章
《鬼滅之刃》前史❷
真實紀錄——人vs.鬼 55
原本只能乖乖被鬼吃掉的人，漸漸開始治鬼 56
歷史上的治鬼英雄 58

真實版繼國緣壹——坂上田村麻呂【九世紀】……60
與鈴鹿山之鬼·大嶽丸之戰……60
與蝦夷惡路王之戰……62
平安時代的「柱」——藤原秀鄉【十世紀】……64
與真實版黑死牟——百目鬼之戰……64
真實版鬼殺隊——源賴光與四天王【十世紀】……66
與鬼之魁首——酒吞童子之戰……66
酒吞童子與鬼舞辻無慘的出身背景……68
真實版柱合會議與神便鬼毒酒……70
執著於「生」之酒吞童子的臨終……72
與真實版猗窩座——鬼童丸——之戰……74
與巨大山蜘蛛之戰……76
源賴光vs.化成鬼的弟弟——丑御前……78
渡邊綱vs.羅生門之鬼……80
與妖術士決生死的大宅光圀和山城光成【十一世紀】……82
與真實版血鬼術士——瀧夜叉姬之戰……82
安倍晴明後裔——安倍泰成【十二世紀】……86
與真實版墮姬「玉藻前」之戰……86
與大頭魔王使者決生死的蒲生貞秀和土岐元貞【十五世紀】……88

與真實版童磨「食人佛」之戰 88
流傳至今的真實版日輪刀 90
細數斬鬼名刀 90
專欄 從鬼身上得到靈感進行造人的西行 94

第3章 隱藏的鬼滅黑暗歷史

隱藏的鬼滅黑暗歷史 95
《鬼滅之刃》其實是鬼vs.鬼之戰 96
鬼究竟是指「誰」？ 96
鬼殺隊其實是「牆外人」集團 98
當不了人的vs.牆外人的悲哀戰鬥 100
從竈門炭治郎看賣藝「傀儡子」 102
從時透無一郎看「SANKA」（山窩） 106
從宇髄天元看活在黑暗中的戰鬥集團「忍者」 110
從鋼鐵塚螢看製鐵專業集團「產鐵民」 114
從悲鳴嶼行冥看享優遇制度的「盲人」 118
從栗花落香奈乎看遭到「人口販賣」的孩童 122
從鱗瀧左近次看會抓走小孩的「天狗」 124
從嘴平伊之助看五千個「棄兒」 128

從伊黑小芭內看遭囚禁的「特殊兒童」……130
專欄 到昭和時代依舊存在的「權力無法觸及地帶」……132

第4章 新考察《鬼滅之刃》之謎

新考察《鬼滅之刃》之謎……133
為何《鬼滅之刃》動漫如此轟動？……134
《鬼滅之刃》是大正幾年的故事？……134
舞台設定於大正時代的理由……136
為何《鬼滅之刃》漫畫如此轟動？……138
新冠肺炎與鬼之間意外的關係……138
《鬼滅之刃》描繪的是一場對抗傳染病之役……142
為何鬼怕藤花？……145
未解開的藤花之謎……145
「藤」其實是鬼之天敵的家紋……147
青色彼岸花究竟在哪裡？……150
未解開的「青色彼岸花」之謎……150
「青色彼岸花」在和歌山縣熊野……152
為何《鬼滅之刃》眾鬼有著異形之目？……154
證明是鬼，不是取決於角，而是異形之目……154

眼睛是區別人鬼的象徵 156
為何鬼現身於人多的場所？ 158
鬼現身於日本首屈一指花街——淺草吉原——的理由 158
淺草和吉原是帝都——東京——的鬼門 163
鬼現身於蒸汽火車的理由 165
為何鬼殺隊的最高階級稱為「柱」？ 167
《鬼滅之刃》與出雲神話的共通點 167
為何能力者會有斑紋？ 170
斑紋是鬼化前的現象 170
為何「火之神神樂」是十二型？ 173
「火之神神樂」的原型是最古的舞蹈 173
我妻善逸和獪岳的參考人物是誰？ 176
救人的雷神賜子和害人的雷童子 176
專欄 炭治郎剖開之巨石的參考原型——一刀石 178

第5章

鬼是什麼？ 179
鬼有五類 180
象徵「神靈」的鬼 180

住在「山裡」的鬼 182
「佛」世界的鬼 184
萌生於「怨恨」的鬼 186
被視為鬼的「眾人」 188
世間藐視為鬼的眾人 190
被描繪成怪物的不服之民 190
為何東北人民被視為鬼 192
不服之民與土蜘蛛 194
被迫當鬼的人們 196
住在山裡的女鬼 198
出現在山裡的眾美女 198
大家都怕的山姥 200
後記
鬼滅了嗎？ 202
參考文獻 206

第1章

《鬼滅之刃》前史❶

人類捕食者——鬼的誕生

《鬼滅之刃》眾鬼源自日本古典文獻

《鬼滅之刃》中鬼的特徵

談到《鬼滅之刃》，主角竈門炭治郎等人物的魅力無庸置疑，此外，那些有種種過去、形形色色個性鮮明的鬼，也深深吸引讀者。無慘是所有鬼之始祖，同時也是主角群的宿敵，以他、還有十二位最高層級的鬼——十二鬼月——為首的這些鬼，會施展名為「血鬼術」的妖術，折磨這些主角。

所有的鬼原本都是人，因為分到無慘的血而變成鬼。即使受傷，也能夠再生、恢復，不老不死。鬼的力量取決於從無慘身上分到多少血，以及吃了多少人。鬼的少數弱點之一是日光，一旦被照射到，身體就會支離破碎、消滅無蹤，因此這些鬼只能在夜間行動。整理一下這些鬼的特徵，可說一切都與人處於相反兩極：因為人可說「吃的是人以外的東西」「終將一死」「無法使用妖術」「沒有陽光無法存活」。

出現在正史紀錄中的鬼

人和鬼，雖然是完全相反的存在，但同時，《鬼滅之刃》中的鬼原本都是人，經歷各種悲痛的過去、逃不開的境遇或己身情結，最後成了鬼。整理這些點，可說所謂的鬼，就是「跟一般人有不同特徵」、「懷抱強烈屬於人的悲哀、欲望等情感」。這種對鬼的概念，在日本古典文獻中並無不同。

今天，用生物的角度相信「鬼」存在的人應該不多。那麼，古代或中世的人呢？例如9世紀《日本靈異記》中可以找到一些鬼的傳說，這些傳說都被視為真實故事。此外，鬼也出現在《日本書紀》及《日本三代實錄》等正史（由政權彙整出的官方歷史）中。從這些點可以知道，在古人的認知當中，鬼是一種真實而恐怖的存在。

不過，這些紀錄，多半是受當權者蔑視的反抗勢力，或住在社會秩序規範不到的深山、具備特殊技能的人，這些人通常懷抱強烈恨意，導致個性瘋狂。不同於現代，在資訊受限的古代及中世，大家會把這些異質者當作真的鬼，而心懷恐懼。

《鬼滅之刃》的鬼原本是人的理由

《鬼滅之刃》中出現的鬼，之所以不設定為異於人類的別種生物，而是所有鬼原本都是人，應該跟日本古典文獻中所述「被當作鬼的人」不無關係。無論在哪個時代，鬼都是人視為「鬼」的「人」。

象徵這一點的是第14話。炭治郎用力壓住突然被無慘變成鬼的人，大喊：「我不想讓這個人殺死任何人!!」這時候，雖然變成鬼，卻與無慘反目的醫師——珠世——出現，有感而發：「你還是願意用『人』來稱呼已經變成鬼的對象啊？」*於是決定助他一臂之力。我們可以說，這段情節象徵性指出：是否把對方當作鬼，取決於你如何看待。

以《桃太郎》故事中鬼島的鬼為代表的公式化鬼形象，與《鬼滅之刃》的眾鬼，差距極大。其實，頭上長角、身穿虎皮褲、手持金棒†的鬼，是進入近世以後才出現的、相對較新的鬼樣貌。這種鬼，在日本古典文獻中只占了很小的比例。我們可以說，《鬼滅之刃》中這些被迫排除、或自己脫離在社會秩序之外的鬼之樣貌，才符合日本古典文獻中的鬼，也就是遭人類社會判定為「異質者」＝「鬼」。

大日本名將鑑「酒吞童子 源賴光」
畫的是同一個場景，但酒吞童子的部下被畫成人的樣貌。

源賴光大江山入之圖
鬼之魁首——酒吞童子——的部下，被描繪成長角異形之姿的鬼。

鬼的誕生與進化歷史

始於1600年前的人鬼之戰

《鬼滅之刃》的舞台為大正時代，設定上鬼舞辻無慘的誕生比大正時代約早1000年以上，而所有的鬼都出自無慘之手。那麼，實際上日本古典文獻中鬼是從什麼時候開始出現的呢？最早關於鬼的記述，一般認為是出現在8世紀編纂的地誌《出雲國風土記》中的阿用鄉之鬼。

《鬼滅之刃》的鬼，基本上不會群聚，不過存在以無慘為首、十二鬼月為幹部的階級，鬼也跟人一樣組織化了。日本古典文獻中也有組織化的鬼，與大和王權軍勢衝突。民間故事《桃太郎》的原型——岡山縣溫羅，是崇神天皇時代的鬼，以鬼之城為據點，現在還遺留了部分建築構造。另外，還有仲哀天皇大戰外國攻入的數萬軍勢，傳說當中有一隻叫作塵輪的鬼。

阿用鄉之鬼是單槍匹馬襲擊人類的怪物，不過，日本古典文獻中關於鬼的記述，則從初期開始，鬼就跟人一樣，是一種組織化的集團。阿用鄉之鬼的記述，具體年代不明，不過一般認為溫羅和塵輪存在於4～5世紀天皇時代，依此推算的話，人鬼之戰始於1600年前。

傳聞中，塵輪有翅膀，駕黑雲而至。眾鬼類似這般妖術的進化，源源不絕。《太平記》裡，聽命於平安時代豪族——藤原千方——的四隻鬼，可以引發洪水、召喚強風，儼然擁有《鬼滅之刃》血鬼術的特殊能力。

鬼邁入全盛期，是在數度遷都後，定都於京都的平安時代。在那之前，被形容成棲息於深山「人外」*的怪物、反抗大和王權的叛亂份子的鬼，漸漸帶有人味。有像《鬼滅之刃》的珠世，站在人這一邊的、有藉修行得到超越人類能力的，也有為了復仇自願化作鬼的，鬼開始被形容成有各種人格及背景故事。在平安京，出現大量的鬼，人稱「百鬼夜行」，也發生許多鬼襲人的案件。

即使是有權有勢的平安貴族，也無法躲過這場災禍，因恐懼而戰慄。鬼被描繪成比人強大的人類捕食者、位居食物鏈的頂點。

* 原指「人間俗世以外的異世界」或「叛離人道的生活方式或思想行為」，後指「非人」、「異質者」，特別是現代次文化創作中，獸人、亞人、怪獸、妖魔、精靈、精靈寄宿的無機物、到不明宇宙生命體、異形等，都可以區分為「人外」角色。

最早的鬼之誕生

神話中描繪之異形怪物【古代】

鬼沒有固定的姿態

《鬼滅之刃》裡的鬼，有竈門炭治郎最早打敗的那種外型較接近人的鬼、也有像十二鬼月或是鬼舞辻無慘最終樣貌的鬼，形形色色，相當多樣。鬼（O-NI）一字，其中一說是來自「隱（ON）」，自古人們相信鬼是無形無影、眼不能見的精靈、妖靈一類的東西。《鬼滅之刃》登場的鬼也沒有固定的姿態，可以說超越人類、危害人群的存在，就是廣義的「鬼」吧。

編纂於8世紀、日本最古的書籍《古事記》，以及差不多同時代編纂的《日本書紀》、《風土記》中，記錄了當時口傳的神話、傳說，裡面描繪了許多外觀可怕的異形，可說是鬼的根源。

與黃泉國支配者——伊邪那美——的共通點

最早出現在日本神話中的鬼，應該算是生下日本國土的女神——伊邪那美吧。伊邪那美是國土及眾神之母，卻因產下「火神」而喪命，以腐屍之姿化作君臨死後世界的可怕女神。她的身上有多達8尊雷神，還能自在操控叫作黃泉醜女（YOMOTSUSHIKOME）的黃泉軍勢。「醜」除了醜惡之外，還有強壯、可怕的意思，這些醜女也堪稱棲息於黃泉國眾鬼之元祖。伊邪那美的丈夫伊邪那岐將連結黃泉國和人世的黃泉比良坂封印之後，生死的世界一分為二，緊接著就誕生了《鬼滅之刃》眾鬼的最大弱點——掌管太陽的女神（日神）天照（AMATERASU）大神。

居住於死後世界（＝黑暗世界）的伊邪那美和那些部下軍勢，（已經是死者所以）不會死亡。可說這則神話和《鬼滅之刃》裡只能活在夜晚的不死之鬼印象相符。

最早的鬼——阿用鄉之鬼【古代】

最早出現的鬼只有一隻眼睛

《鬼滅之刃》裡的第一隻鬼，是所有鬼的始祖鬼舞辻無慘。無慘的外觀，平時跟人沒有兩樣。不過，日本古典文獻中最早的鬼則長相怪異。《出雲國風土記》中，記載了出雲大原郡阿用鄉有鬼出沒、殺人食人的故事，這就是明確認知為「鬼」的最古紀錄。

有一天，住在村子裡的男人在山中田裡耕作，出現了一隻獨眼鬼，抓住這個人，吃了起來。原本男人的父母也在場，他們躲進茂密竹叢中，卻因為看到兒子被鬼啃食，大為驚慌，導致竹子沙沙作響。據說兒子發現了，就發出「動（AYO）*、動……」的聲音，從此這個地方就被稱為「阿欲（後來改為阿用†）」。鬼，在最早的紀錄中就已經是一種會吃人的可怕存在了。

《鬼滅之刃》裡，有很多眼睛有特徵的角色，像是有3對眼睛的上弦之壹・黑死牟、手上有眼睛的矢琶羽等。還有跟阿用鄉之鬼同樣的獨眼鬼——上弦之肆・鳴女。鳴

變化繪卷（上卷、部分）收藏於湯本豪一記念日本妖怪博物館（三次妖怪博物館）
出現在丹波國的武士——津田家——宅邸的怪物。獨眼鬼是一種具代表性的怪異存在，常常出現在繪卷等作品中。

女在最終決戰時，隨心操控，改變無限城空間布局，鬼殺隊士因此陷入苦戰，她造成的最大威脅，在於操控眼球的血鬼術帶來的搜集情報能力。鳴女四處散布利用血鬼術製造出來的眼球，掌握鬼殺隊士動向，連鬼殺隊當主——產屋敷家——的隱居地都被她拆穿。

《古事記》裡有一隻雉雞鳴女。這隻鳥雖然是高天原眾神的使者，最後卻遭自己的主人——神——射殺，以悲劇收場。《鬼滅之刃》的鳴女中了愈史郎的血鬼術，遭無慘爆頭身亡，她們有一個共通點——雖然忠實遵照主人的指令，卻被主人奪走性命的命運。

＊「AYO」是古語「正在動」的意思，兒子怕鬼發現父母，因此試圖警告他們，在自己瀕死時依舊奮力保護父母，傳為美談。

† 兩者皆唸作「AYO」。

真實版「手鬼」——兩面宿儺【古代】

有好幾隻手腳的真實版「手鬼」

跟著鱗瀧左近次練就獵鬼基礎的竈門炭治郎，在第6話最終選拔時，面對的第一個強敵是有好幾隻手、叫作「手鬼」的大鬼。雖然不會用血鬼術，那些手發出的異常強力讓炭治郎這些鬼殺隊候選人痛苦萬分。《日本書紀》中，也出現過跟這個「手鬼」一樣擁有好幾隻手腳的異形怪物，就是仁德天皇時代出現在飛驒國、折磨百姓的兩面宿儺。

據說他是有兩張臉的異形巨漢，就像是兩個人背靠背黏在一起。兩個身體各長出四隻手腳，分別持有弓箭和劍，到處搶劫。飛驒當地也流傳著，兩面宿儺住在岩洞裡，有很多手下，仁德天皇派武振熊討伐這隻怪物。

另一方面，飛驒也有另一種傳說，主張兩面宿儺不是盜賊，而是當地的英雄。在神話和《風土記》中，出現了許多叫作土蜘蛛、不臣服於天皇的異形，這些人都長手長腳、耳朵很大、還生有尾巴，傳說中強調他們異於常人的身體特徵，把他們當作住在洞

稻生物怪錄繪卷（部分）收藏於湯本豪一記念日本妖怪博物館（三次妖怪博物館）
這個怪異譚舞台設定於江戶時代中期的三次，裡面有一個怪物，有著無數隻手，會令人聯想到「手鬼」。

穴等地的野蠻民族，用異形怪物來表現不臣服於天皇的人民。還有一說是兩面宿儺可能是勢力圈在飛驒地方的豪族。

在平安時代之後的日本古典文獻中，出現了一些鬼，使用像血鬼術的妖術，把朝廷軍團整得團團轉，相較之下，兩面宿儺的武器不過是身體上的特徵以及異常強大的力量，這一點，「手鬼」亦如此。《鬼滅之刃》當中，「手鬼」是層級較低的鬼，可說跟日本古典文獻初期的鬼比較接近。

組織化之眾鬼

真實版無限城之戰——鬼之城與溫羅【古代】

從「單槍匹鬼」演進為組織化的鬼集團

竈門炭治郎最先打倒的食人鬼和最終選拔的那些鬼，雖然強力過人，都是個別行動的「單槍匹鬼」。鬼無法群聚的理由，在第18話裡珠世說明是「為了防止眾鬼團結起來攻擊自己（無慘）」。不過同時，無慘還是設置上弦月、下弦月階級，在最終決戰中演變成鬼集團和鬼殺隊的總體戰。

日本古典文獻當中，鬼也經歷相同的演變。例如《出雲國風土記》裡面的獨眼鬼，剛開始多為單獨一隻異形怪物襲擊人的故事，不久開始出現組織化作惡的鬼。像土蜘蛛、蝦夷等被歸於「不服之民」的人，原本就是集團，不過，明確被視為「鬼」的存在當中，最早的組織化例子之一是稱霸吉備國（現在的岡山縣）的鬼——溫羅。

最初築城的鬼

現在岡山縣吉備地方一帶，存在大量關於溫羅的傳說，根據戰前集結這些傳說的《新輯岡山縣傳說讀本》，溫羅身長1丈4尺（約4.2公尺），雙目炯炯如豺（日本狼），鬍鬚跟頭髮都是紅的，額上長角，嘴裡還長了上下排交錯的可怕獠牙，完全就是鬼的模樣。

溫羅會從嘴裡吐出火焰燒山，還會在空中飛，捕捉人和家畜。據說在他們的據點吉備新山，還有用來烹煮抓到的人與獸、超過1丈（約3公尺）的巨鍋，以及掛殺好的人肉的「人掛松」。此外，溫羅具備的

桃太郎鬼島行

桃太郎帶著黍糰子治鬼的故事，據說是以吉備津彥討伐溫羅的故事為藍本

種種能力不勝枚舉，包括攀登到岩石上搧扇子，把船從海上搧過來、奪走他們的貨物，從嘴裡吐出雲、放出雷，燒死眾人等。

不僅如此，傳說溫羅還築了叫作鬼城的城，整族在裡面生活。由於這些慘狀，吉備國逃亡到其他國家的人民源源不絕，於是天皇派遣名叫吉備津彥的皇族將軍討伐溫羅。

在第139話中，無慘為了殺害鬼殺隊當主產屋敷耀哉來到鬼殺隊本部，遭到反擊，結果跟鬼殺隊一起空間移動到無慘的大本營——無限城。使出血鬼術、在無限城迎擊的情景，令人聯想到溫羅。

真實版無限城之戰

在與溫羅的對戰中，吉備津彥奮力拉弓準備射出箭，溫羅也同樣射出箭將它彈回。一時之間彷彿這些箭一來一往永無止境，吉備津彥從神那裡得到智慧，使出同時射出兩枝箭的奇招，雖然一枝被溫羅打落，另一枝卻成功射穿溫羅的胸口。

溫羅身負重傷後，屢屢變身試圖脫逃，吉備津彥卻也同樣使出變化法術緊追，最後溫羅化作鯉魚，跳進河川，卻被化身為鵜的吉備津彥捕獲，輸掉這場妖術大戰的溫羅，

鬼城（岡山縣總社市）
雖為大和王權築起的山城，歷史書籍中並無記述，以溫羅傳承地著稱。

終於就此消滅。無限城的最終決戰，無慘承受炭治郎火之神神樂連續攻擊、珠世的毒藥、還有其他鬼殺隊士的攻擊，當接近早晨，日光即將射出、消滅鬼體時，他拋開一切、全力逃跑。溫羅和吉備津彥之戰的描寫，就像這場無限城的最終決戰。

溫羅的據點鬼城，考古學領域一般認為是齊明天皇時代慘敗給新羅、唐聯軍的朝廷，為「防衛本土」築起的一種朝鮮式山城，只是，山中這座擁有牢固石垣的城，一直以來，大家都相信它是可怕的溫羅居住的鬼城。

讓仲哀天皇以命抵命的鬼——塵輪【古代】

與鬼交戰中犧牲性命的人們

《鬼滅之刃》中，滅鬼只有3個方法：照射陽光、用照射過陽光的特殊鐵製日輪刀斬首、或是被無慘殺死。照射陽光能滅鬼是《鬼滅之刃》才有的設定，不過斬首能讓鬼喪命，則是日本古典文獻中也找得到的情節。不過，就像《鬼滅之刃》中有些鬼就算頭被砍下來，也不會馬上消失，而會繼續抵抗，也有一些鬼剩下一顆頭還是會不斷掙扎抵抗。

以島根縣石見地方為中心傳承下來的石見神樂中，有一齣劇碼名為《塵輪》，這個塵輪就是帶領數萬大軍攻進日本的異國之鬼，在鎌倉時代撰寫的《八幡愚童訓》也有相關記載。塵輪據說有翅膀，能夠隨心所欲在空中飛翔，身體是紅色的，有8個頭。因為塵輪虐殺了許多人，遭天皇下令討伐，但對他射出的箭都斷掉、接近他的人都自戕而死。因此，仲哀天皇決定親自率領超過5萬大軍一決勝負，帶著神寶天鹿兒弓和天羽羽矢迎擊。

塵輪駕黑雲現身，大戰天皇，最終天皇得到神的庇護，瞄準在空中飛的塵輪射出神寶之矢，箭矢射穿塵輪的頭，頭從軀體斷開，掉落地面。據說這顆頭埋在山口縣下關市的忌宮神社境內，現在該處有一塊石頭，人稱鬼石，周圍布有結界。

石見神樂的劇碼《塵輪》
塵輪被仲哀天皇射的神寶之箭擊斃，但仲哀天皇也喪命於流箭。

仲哀天皇雖然勇猛擊斃塵輪，自己卻也遭流箭射中喪命。仲哀天皇的父親是四處討伐惡神、妖魔和土蜘蛛的日本武尊，日本武尊也在返京途中喪命於伊吹山惡神的毒氣。《鬼滅之刃》中，也有許多鬼殺隊士不惜祭出一己性命、換取十二鬼月之死，日本武尊、仲哀天皇父子也可說是日本古典文獻中治鬼的犧牲者。

真實版玉壺——封進甕中之鬼【古代】

封進甕中的8隻鬼

《鬼滅之刃》中，有像禰豆子、愈史郎、珠世一樣，維持常人樣貌的鬼，但也出現許多完全不像人也不像獸的鬼。其中外觀又特別詭異的，應該是第105話襲擊刀鍛冶藏身之處的上弦之伍．玉壺。眼睛、嘴巴位置對調，有如全身長出手的軟體動物般的基本形相貌也很可怕，全身布滿鱗片，不是半魚人、而是半魚獸的最終形態簡直就是個怪物。不過，玉壺最大的特徵還是「壺」。日本古典文獻裡也有像玉壺一樣，和器皿密不可分的鬼。

福岡縣豐前市過去曾因是修驗道中心地而繁榮，位於市內的犬岳，傳說以往有鬼神棲息，帶給居民很多困擾。緊鄰犬岳的求菩提山，是一座以修驗靈場著稱的靈山，這座山的開山祖師修驗者猛覺魔卜仙，聽聞鬼神出沒，即出發討伐，用法力成功予以降伏。

這些鬼神後來被封進甕中，連甕帶鬼埋在山頂，據傳從此那裡便成為祭祀鬼神之靈的地方。聽說鬼有8隻，被稱為「八鬼」。祭祀那些鬼靈的場所，就是坐鎮求菩提山山腰國玉神社中宮的鬼神社。

致死之壺怪談

還有其他跟壺有關的軼事。《續古事談》裡有11世紀初不可思議的壺的故事。釀造酒、醋的造酒司有一把叫作「大刀自」的大壺，平時為了釀造，只有上半部露出來，其他埋在地下，傳聞這個壺自己跑出地面，不久，一條天皇駕崩，大家認為這個壺作怪是天皇之死的預兆。

另外，《今昔物語集》裡有一段敘述11世紀藤原實資在大宮大路目睹一個小油瓶邊跳邊移動，不久看到它跳進一間房子裡，部下追查後，得知房子裡有少女死了。就像到處殘殺眾人、還將屍體做成殘忍藝術作品的玉壺一樣，壺跟瓶子被描繪成帶來不幸的死神。

血鬼術的出現

真實版「沼澤鬼」——英胡、輕足、土熊【七世紀】

從身體能力進化到妖術

《鬼滅之刃》中階級較高的鬼，具備稱為血鬼術的超能力。日本古典文獻中出現的鬼，一開始凸顯的是身體上的特徵，隨著時代推移，漸漸進化成妖術。《紙本著色清園寺緣起》中，就有施妖術的3體鬼。

根據丹後、丹波地方傳說，聖德太子之父用明天皇時代，當時叫作三上嶽的大江山，有名為英胡、輕足、土熊的3體鬼頭目，率領很多鬼騷擾人民。英胡、輕足、土熊據說能飛天、渡海、破岩、降雨，可說正如血鬼術的妖術。

隱身於地面的妖術

天皇派遣討伐他們的，是聖德太子的弟弟當麻皇子。向神佛祈願、出發滅鬼的皇子，迅速打敗了英胡和輕足，剩下的土熊卻施行打破岩石藏身其中的妖術，無法輕易捕獲。此時，皇子帶著一隻山中不可思議的老人獻上的白犬，其實老人是神的化身，白犬脖子上掛著鏡子，皇子用這面鏡子往四下一照，鬼的妖術就此破解，藏身岩中的土熊形跡敗露，皇子就在神助之下，成功消滅最後一隻鬼。

提到《鬼滅之刃》中的3體鬼，應該會想到第10話跟竈門炭治郎對決的「沼鬼」吧。在這場爭鬥中，炭治郎第一次目睹血鬼術。沼鬼是能分身成3體的鬼，會創造出如沼澤般的異空間，藏身於地面或牆中，可說是與土熊的妖術共通的能力。

真實版血鬼術戰鬥——藤原千方的四鬼【七世紀】

各擁特殊能力的四體鬼

在英胡、輕足、土熊的大江山3體鬼之後，關於使用血鬼術般奇妙妖術之鬼的傳說開始在各地出現。南北朝時代彙編的《太平記》記述了一篇傳說：比用明天皇晚一百年左右，在天智天皇的時代，有一個叫藤原千方的男人，差遣名為金鬼、風鬼、水鬼、隱形鬼的4體鬼，統治伊賀、伊勢兩國。

4體鬼各自擁有特殊能力，金鬼身體硬如金屬、箭射到他也紋風不動。風鬼可以喚起驚人狂風，連整座城都可以吹倒。水鬼能任意操控洪水，把對手玩弄於股掌。而隱形鬼會隱身術，鬼如其名，能神出鬼沒、擾亂敵人。談到隱身術，《鬼滅之刃》中也有愈史郎的「目隱術」和「沼鬼」的血鬼術。

妖術對妖術之戰

朝廷派遣武將紀朝雄出征討伐鬼，大家可能會想像他們展開一場壯烈激戰，不過，奉朝廷之命前往討伐的朝雄，卻只是送敵軍一首和歌。

「草木盡屬大君 何處尋鬼棲所」（草も木も我が大君の国なればいづくか鬼の棲なるべし）

意思是：在這個國家，一切都屬於天皇，你們這些反抗的鬼，怎麼會有棲身之處？看到這首歌的鬼，當場放棄作戰，離開千方，大將千方就此遭到殲滅。

把愈史郎變成鬼的珠世，在第14話中，以血鬼術「惑血 視覺夢幻之香」讓周遭眾人失去意識，還在第18話利用「白日的魔香」讓朱紗丸招供，應該都算是一種催眠術吧。在日本，有所謂的「言靈」信仰，相信言詞有靈力寄宿其中，朝雄詠歌、珠世施法，其中或許都有操控對方意志的特殊靈力。乍看之下，或許是一場缺乏轟烈場面的索然結局，實際上可說是妖術術士和鬼的術對術大戰。

自願化身為鬼的人

真實版黑死牟——役小角【七世紀】

從人化為「非人」的真實人物

第177話中，交代了上弦之壹・黑死牟變成鬼的來龍去脈。過去，使用起始呼吸「日之呼吸」的繼國緣壹曾追殺鬼舞辻無慘，而黑死牟原本是繼國緣壹的雙胞胎哥哥——巖勝。巖勝使用的是「月之呼吸」，因浮現瞬間提升自身能力的「斑紋」，而縮短了壽命。對弟弟懷抱強烈自卑感的巖勝，想將超越弟弟的技法練到最高境界、成為「最強武士」，渴望永生的他，接受了無慘的提議，自願變成鬼。

現實中也有人期盼能超越人類，那就是修驗道的開宗始祖役小角（役行者）。役小角為7～8世紀實際存在的人物，是個天才，3歲已識字、8歲進入奈良官學修習儒學。據傳30歲起在紀伊半島的吉野、大峰、熊野山中持續修行，習得孔雀明王祕技。

役小角擁有酷似血鬼術的超能力。《日本靈異記》中甚至寫道「役行者的故事多到寫不完，必須割捨」。據說他因「用邪術蠱惑人心」而被流放至伊豆大島時，在夜晚穿越海面，登上富士山修行，降伏前鬼、後鬼，還在701年時成仙飛去。所謂的仙人，在中國道教中是指不老不死的超人。能在空中自在飛行、收編鬼當手下、還不老不死，儼然就是一隻鬼。

役行者像 吉水神社收藏
據傳擁有超人力量的役小角（中）降伏了前鬼、後鬼（左右）。

傳聞修驗者頭上會長出角來

修驗道的本尊藏王權現是修驗道獨有的神，據說擁有所有神佛的力量。他表情憤怒、頭髮豎立，完全是鬼的面貌。

修習修驗道的修驗者身著山伏裝束，傳聞修驗道修煉到最高境界時，頭頂會長出角，修驗者所戴頭巾就是為了藏住長出來的角。有則故事可以證明修驗者幾乎就是鬼。平安時代鬼的魁首是酒吞童子。源賴光和四天王前往討伐時，以酒為伴手禮，身著山伏裝束來到酒吞童子的宮殿。酒吞童子開心地招待他們入殿開酒宴，顯示對鬼而言，修驗者相較於人類，更接近鬼的一方。而被視為鬼的天狗則是修驗者的守護神，也穿戴與修驗者相同的山伏裝束。修驗道可以說是透過在深山修行，期望超越人的存在＝成為「鬼」或「天狗」。

修驗道的始祖——役小角——是第一個透過在深山修行，成為超越人的存在之人物。跟渴求超越弟弟能力而化成鬼的黑死牟一樣，役小角成為「非人」也是出於自願。役小角消聲匿跡經過約１１００年後的１７９９年，得到追贈「神變大菩薩」之諡號。對照之下，黑死牟的臨終卻很悲慘。原本黑死牟雖有著三對眼睛的異相，身形還是人形，但在無限城的最終決戰中被鬼殺隊圍攻進逼，全身開始長出刀刃，最後變成長出無數尖角的怪物。終於如願成為「最強」存在時，黑死牟看見倒映在刀面上的自己，錯愕不已。「這是何等醜樣……」、「武士的樣貌是這樣嗎？」、「這真的是我所想要的嗎？」，黑死牟就這樣在自問自答間被鬼殺隊打敗。

《新形三十六怪撰》〈小早川隆景 彥山之天狗問答之圖〉
描繪福岡縣英彥山的天狗身著修驗者裝束之姿。

雖然明治時代禁過修驗道，但現已復出，修行的修驗者眾多。兩者同樣以「超越人的存在」為目標，役行者以修驗道始祖之姿，在現代依舊擁有信徒，黑死牟卻沒能得到自己期望的結果。

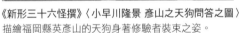

變鬼復仇的人鬼

真實版累——八郎滿胤【八世紀】

化作大蛇對兄復仇之弟

役小角是力圖超越人的人物，而也有人為了復仇，自願化作鬼。《神道集》有一則軼聞記述八郎滿胤變成大蛇，向背叛他的哥哥們復仇。滿胤是「地頭」家8個兄弟的老么，學問、藝能、武藝等全方位都比哥哥們優秀，父親任命滿胤為地方官，讓他統治群馬郡。據說，父親死後，心生嫉妒的哥哥們在夜間襲擊滿胤，並把他的遺體丟棄在蛇食池高井這個地方的岩屋裡。

不幸身亡後，滿胤的靈在3年之間跟池中龍王、伊香保池和赤城池的龍神成為親交，化作大蛇，得到神通力量，把哥哥連同他們的家人殺得精光。自此朝廷供奉活祭品長達20年，後來，宮內判官宗光代替原本要犧牲的公主造訪岩屋，誦讀《法華經》，怨念得以平復，祀奉為八郎大明神。

《鬼滅之刃》的鬼，也有許多對家人懷抱特殊情結。當中執著於家人的鬼，具代表性的應該是下弦之伍．累吧。第43話描述了累的過去，孱弱多病的累在鬼舞辻無慘的誘惑下成了鬼，雙親試圖殺了他再自盡，累卻早一步殺死了父母。無慘對累說「只能怪父母無法接納你的一切」。

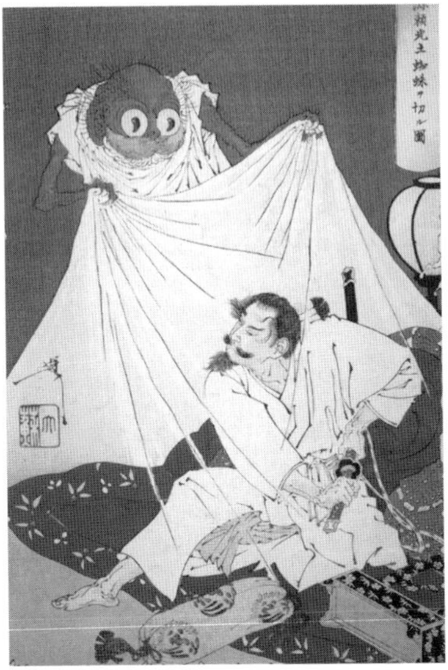

《新形三十六怪撰》〈源賴光斬土蜘蛛圖〉
古時反叛朝廷的人被稱為土蜘蛛，在繪卷及浮世繪中有很多大蜘蛛妖怪。

因妒遇害的滿胤，不但殺死哥哥，還殺盡他們一族，然後，彷彿要求新的家人般，每年納入活祭品。滿胤和累的故事，都是基於家人間的愛恨與執著。

化作鬼的女人——宇治的橋姬【九世紀】

不得不化作鬼的女性

《鬼滅之刃》中的鬼多為女鬼。有上弦之陸・墮姬、上弦之肆・鳴女、新下弦之壹・魘夢、下弦之肆・零余子，另外，幹部之外的鬼中也有朱紗丸和蛇鬼等。一般多認為女性比男性重感情，因此日本古典文獻中有相當多故事是女性在過度強烈的愛恨情仇中化為厲鬼。其中一個典型的例子就是丑時參拜的鬼故事。

在《平家物語》中，善妒的公家*女兒到貴船神社參拜，閉關7日，請求對方將她「活生生變成鬼」。據說此時傳來貴船明神的指示，傳授她變鬼的方法。在沒人看到的地方，將頭髮分成五撮，用松脂固定，豎成角狀，再把臉和身體塗成紅色。頭戴五德鐵環、綁上2支火炬，口咬1支。之後在宇治的河川中進行21天稱為「水垢離」的淨身儀式。女人遵照這個方式活生生變成了鬼，而因為這個傳聞，現在有女性出嫁前不能過宇治橋的說法。

這個女鬼之後也繼續存活，在羅城門（羅生門）住下，最後被賴光四天王中的一人、擁有無數斬鬼傳說的渡邊綱斬斷手臂。

《堤中納言物語》中的「愛蟲公主」有一句話，「鬼和女人不要讓人看到比較好」。意思是「跟鬼一樣，女性別輕易現身，比較含蓄風雅」，明確點出了中世一般對女性的觀點。

如果是男性，不必變成鬼也能在社會上直接向對方復仇。但是在中世，女性受家庭及丈夫束縛，必須忍耐，沒有報仇的手段，於是這些積怨就成了她們變身厲鬼的催化劑。

《御代參丑時詣》
宇治的橋姬基於對男人的愛恨情仇，進行丑時參拜，活生生變成了鬼。

不過在《鬼滅之刃》中出現的女鬼大多較為冷靜果敢，反而是男鬼會走不出過去或執著於變強。我們可以從這些鬼的性格一窺中世與現代社會對男性、女性的觀點。

＊ 任職於朝廷的高官、公卿。

真實版蛇鬼——清姬【十世紀】

在愛恨情仇中變成大蛇的女性

第188話中揭露了蛇柱・伊黑小芭內的過去，出現了蛇鬼——一隻「下肢如蛇的女鬼」。伊黑一族靠著這隻蛇鬼殺人奪回的錢財度日，代價是將家族內生下的孩子獻給愛吃小孩的蛇鬼。

因心生鬼性變成大蛇的女性中，著名的是出現在《今昔物語集》和淨琉璃《道成寺現在蛇鱗》等作品的清姬。延長6年（928）時有位名叫安珍的俊秀僧侶，到熊野參拜時，請求在熊野國造的庄司清次家中借宿。清次的女兒清姬對安珍一見鍾情，逼他和自己結為夫妻。安珍說參拜結束回程時一定會再來拜訪，結果就一去不回。清姬追尋安珍蹤跡，終於追上，不料安珍卻佯稱錯認，拔腿逃跑。據說愛恨情緒到達頂點的清姬，當下化作大蛇、口吐烈火。安珍渡過日高川，逃進道成寺、躲在鐘內，化作大蛇的清姬團團將鐘捲住、燒死了安珍。

原本小芭內應該還在襁褓之中就會被蛇鬼吃掉，不過，因為370年來，伊黑家族生出來的都是女嬰，小芭內是難得的男嬰，而且左右眼瞳孔顏色不同，深得蛇鬼歡心，因此姑且留他活口、得以長大成人。但小芭內在12歲時逃亡。蛇鬼雖然拼命緊追小芭內，但被趕來的炎柱殺掉，小芭內因此得救。小芭內出生於八丈島，在日本傳說中，有一座女護島，只居住女性；也有人認為八丈島就是女護島。伊黑家生不出男孩的設定應該源自這個傳說。逃亡男子與化作大蛇的女子、對小芭內異常的執著，命喪火焰等，清姬的傳說與小芭內和蛇鬼的故事有許多共通點。

新形三十六怪撰「清姬 於日高川化作蛇體圖」
清姬遭一見鍾情的男子背信，在愛恨交織中變成大蛇。

食女人鬼

愛吃女人的鬼——鬼一口【八～九世紀】

日本古典文獻中耍巧妙伎倆的鬼

《鬼滅之刃》裡，愛吃女人的鬼有上弦之貳・童磨和「沼鬼」等。第11話，受到竈門炭治郎攻擊，「沼鬼」說：「反正我在這個鎮上也吃了不少十六歲的女子」、「每個都很美味」。日本古典文獻當中，也有一開始以怪物之姿出現，不久用花言巧語欺騙女性，把她們抓來吃的鬼罪行。

《日本靈異記》和《今昔物語》有這樣的故事：在8世紀聖武天皇時代，有一位鬼的犧牲者，名叫萬之子。萬之子的美貌遠近馳名，許多男性向她求婚，她都拒絕了，最後心儀一位身分高貴的男性，初夜來臨。夜半，傳來3次「好痛」的叫聲，父母以為是第一次經驗的疼痛，沒放在心上，便去就寢了。結果到了早上，雙親進到房間，女兒已經被吃到只剩下頭和1根手指。

正史《日本三代實錄》中也有類似的故事。9世紀，有3位美女走在京都大內裏（平安宮）附近的小松原，從松樹陰影中走出一位俊俏的男子，把其中一位女子叫過去。不久，聽不到任何聲音，同行的2位女性於是過去一探究竟，發現地上只剩下女子的手腳。另外，《伊勢物語》和《今昔物語》中，有9世紀公家．在原業平思慕之人的故事。業平愛上一位美麗的女子，向她求婚，但雙親不答應，於是業平把她帶走。在山科的校倉休息時，因為打雷，所以把女子藏起來。雷鳴停止後，他去接女子，發現對方已被鬼吃掉，只剩一顆頭。這位女子被認為是藤原高子，在這篇《伊勢物語》說話*中，這個一口吞掉人的鬼被稱為「鬼一口」。

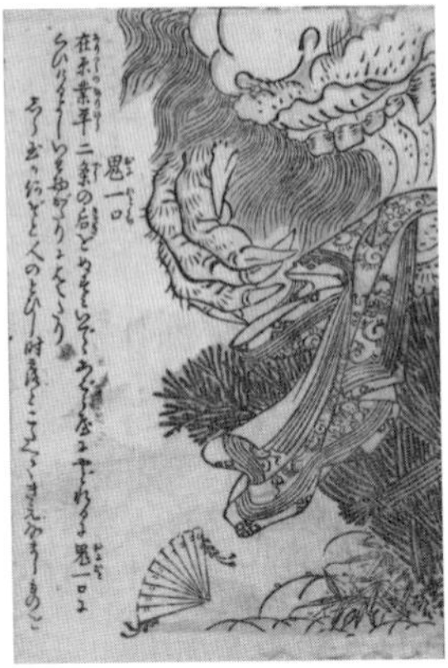

《百鬼夜行拾遺》〈鬼一口〉
日本古典文獻中常見吃女性的鬼，描繪他們變身或送禮等計畫性的犯罪。

＊ 神話、傳說、民間故事等流傳故事的總稱。例如：「佛教說話」、「民間說話」。

鬼的大量出現

真實版無限城之鬼——百鬼夜行【十世紀】

各式鬼怪成群結隊肆虐京都

《鬼滅之刃》第140話，竈門炭治郎等人被鬼舞辻無慘轉移空間到無限城，眾鬼排山倒海襲來。正如這個場景，《百鬼夜行繪卷》也描繪了大量出現的鬼在京都結隊而行的樣貌。

《大鏡》有藤原師輔半夜返回大內裏路上遇到百鬼夜行之記述。此時的百鬼夜行，隨從是看不見的，只有身為陰陽師的師輔看得見。日本自古信仰泛靈論，《百鬼夜行繪

百鬼夜行繪卷
百鬼夜行中低階的鬼，外貌與人差異相當大。

卷》中也看得到老舊的鍋子、飯勺、琵琶及太鼓等樂器化作鬼走在街上的描寫。

下弦之陸．響凱樣貌奇異，肩膀、腹部、足部鑲有太鼓，他的血鬼術靠著打鼓就能使空間轉移。擁有同樣血鬼術的上弦之肆．鳴女，則是藉彈奏琵琶來轉移空間。如師輔所見，百鬼夜行出現在現實社會與看不見的神佛、精靈世界交叉之際。響凱及鳴女使用的空間轉移血鬼術，與百鬼夜行有著共通的世界觀。

《鬼滅之刃》中，所有的鬼過去皆為人類，在無限城大量出現的這些鬼，外型走樣，原本的人類形體消逝無蹤，化作妖怪樣貌。日本古典文獻百鬼夜行中的鬼，一般視為等級較低的鬼。出現在無限城的這些鬼，對主角們來說只是「小配角」，跟百鬼夜行的那些鬼有異曲同工之妙吧。

人與鬼生下的半鬼半人

真實版愈史郎——鬼之子小綱

從面前消失的人鬼之子

鬼，一開始在日本古典文獻裡是會攻擊人、吃人的不明怪物，不久開始有人性，當中有些鬼還與人生下小孩。最具代表性的例子就是鬼之子小綱，他是鬼和女人生下的孩子，幾乎全國都流傳著同樣的故事。

被鬼擄走的女子成為鬼的妻子，不久懷了孩子。年邁父親為尋找被擄走的女兒，前往鬼島，帶著女兒及出生的孩子乘船脫逃。鬼大量吸進河水，將船拉近自己，女子拍打鬼的屁股，鬼一笑之下，將水吐了出來，於是三人成功逃離。不過，這個人鬼之子小綱，隨著成長，開始想吃人，無法過人類社會生活，而被逐出村子。

《鬼滅之刃》中站在人這一邊的鬼——愈史郎，也有相同的過去。《鬼滅之刃》中，所有的鬼都是分得鬼舞辻無慘的血而化作鬼的。唯一的例外就是愈史郎（第15話），他是被一心對無慘復仇的鬼——珠世——變成鬼的。愈史郎跟其他鬼不同，只要有少量的血就不需要吃人，可說是《鬼滅之刃》當中最接近人類的鬼。完結篇第205話中，描寫愈史郎以謎團重重的畫家之身繼續生活在現代。由「謎團重重」的設定，想見應過著離群索居的日子。

愈史郎的血鬼術攸關視野，像是在人或建築物上貼符咒，讓它隱形的「目隱」等能力。不管是遭眾人驅逐而消失的小綱，還是能用法術隱蔽自身的愈史郎，都讓人感受到半鬼半人的悲哀。

繼續存活在現代的鬼子孫

修驗道的始祖——役小角，降伏了名為前鬼、後鬼的鬼夫妻，而這對鬼夫妻的子孫存續至今。不久後役小角對追隨他修行一段時日的前鬼、後鬼夫妻說：「你們現在修行到這個地步，已經不是鬼了。去過人類的生活吧」，於是這對夫妻展開了村落生活，地點是奈良縣吉野郡下北山村前鬼。不久，前鬼和後鬼生了五鬼熊、五鬼童、五鬼上、五鬼繼、五鬼助五個孩子，後來他們的這些子孫代代經營提供給修驗者的宿坊*。不過，明治時代下令廢止修驗道，修驗者自此銳減，殘存至今的只剩下五鬼助的子孫所經營的「小仲坊」。目前的主人是從五鬼助算來的第61代，繼續接待前來的修驗者。

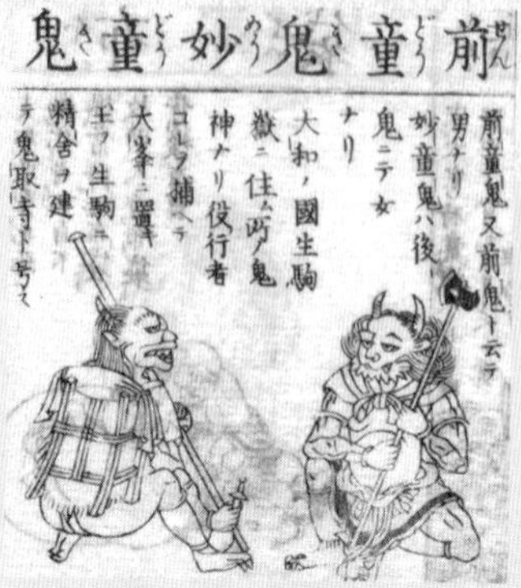

《佛像圖彙》〈前鬼、後鬼〉
這對鬼夫妻生了五個孩子，其子孫至今仍經營著提供給修驗者的宿坊。

* 佛教寺廟或神社提供給參拜者的住宿設施。

第2章

《鬼滅之刃》前史❷

真實紀錄——人vs.鬼

原本只能乖乖被鬼吃掉的人，漸漸開始治鬼

遭到社會排擠的人會變成鬼

原本人類只能任由鬼吃掉，到了平安時代後期，漸漸地，鬼已非絕對力量的象徵，成為人類可以討伐的對象。原本是靠陰陽師驅邪、阻止鬼的入侵，在這個時代開始更積極排除眾鬼。武士的得勢，使日本進入動亂期，在這樣的大環境下，鬼從神祕可疑的存在，逐漸指向在權力鬥爭中是輸家的那些反體制者、竊賊、遭歧視者等社會邊緣人，或是對朝廷而言黑暗的存在，這些人開始被稱為「邪神」、「姦鬼」。

《鬼滅之刃》中出現的鬼原本都是人，但多為體弱多病、罪犯、遊女等立場遭到社會歧視的人。故事敘述這些人試圖藉由鬼的力量來報復社會，或爭取生為人時未能得到的種種。

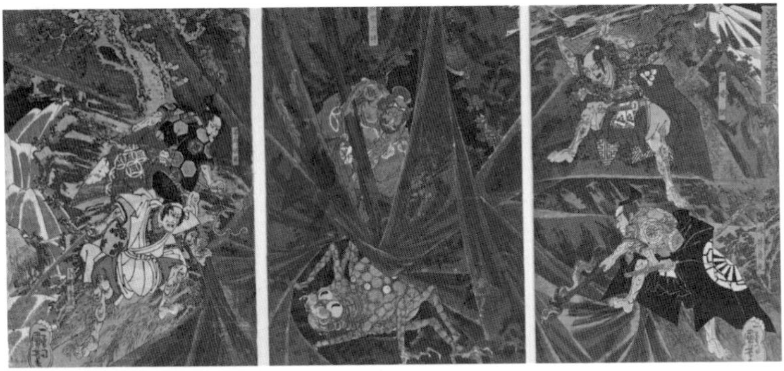

源賴光的四天王消滅土蜘蛛圖　淺井Collection收藏
（圖片來源：Cool Art Tokyo / DNPartcom）
不臣服朝廷的人被稱為「土蜘蛛」，浮世繪中實際上真的以妖怪樣貌來呈現。

平安時代後期之後的鬼（被視為鬼的人），同樣在人類群體中找不到自己生存的空間，變成邊緣人，開始建構專屬於自己的群體。但這在一般人類社會看來，就是一種威脅，有時擁有權勢者被視為「鬼」，成為討伐的對象。

人類從乖乖被鬼吃掉，漸漸開始治鬼的過程，可說是在權力及行政機關強化、人類社會結構愈趨完整的過程中，在框架中的人和排除在外的人區隔愈加明確的結果。

歷史上的治鬼英雄

繼承「鬼切」的精神

原本大部分被鬼吃掉的犧牲者或是遇到鬼的人，都是例如一般庶民或地方官員的女兒等。不過，當人類開始治鬼，實際存在的歷史人物就登場了。在現實社會中，功成名就的人，對這些黑暗勢力也同樣能發揮強大的武力。

征夷大將軍的稱號，到了後世雖然變成武士首領固定頭銜，但最初受命為征夷大將軍的坂上田村痲呂，正如「征夷」字面之意，是征伐東北地方蝦夷的人物。擊退日本三大怨靈之一平將門的藤原秀鄉，則留下他擊敗百目鬼和大百足等怪物的傳說。

治鬼事蹟中最有名的人物是源賴光，作為親信，侍奉掌握至高權勢的藤原道長。他是弓術名手，與部下「賴光四天王」聯手討伐許多鬼和妖怪。還有，據傳長野縣戶隱山有鬼出沒、危害眾人，而加以討伐的是賴光的父親滿修。賴光的子孫（玄孫）源賴政，則傳說他用賴光傳家之弓，射穿了每晚出現在近衛天皇御所（皇居）的妖魔——夜鳥。另外，坂上田村麻呂和鈴鹿御前作戰時使用的刀，交給源滿仲至戶隱山伐鬼，再先後傳到源賴光以及賴光四天王之一渡邊綱手中。這把刀，也因為每個人都用它斬過鬼，被稱為「鬼切」。

和漢百物語《田原藤太秀鄉　瀨田之龍女》
平將門在關東作亂，被藤原秀鄉討平。後世流傳著藤原秀鄉討伐許多妖魔鬼怪的軼事。

《鬼滅之刃》第137話，描述千年前生下最初之鬼——鬼舞辻無慘——的產屋敷一族，代代當主，都承襲了殺死無慘的任務。在日本古典文獻中亦如此，伐鬼使命，隨刀傳承。

真實版繼國緣壹——坂上田村麻呂【九世紀】

與鈴鹿山之鬼・大嶽丸之戰

以田村麻呂為原型的「坂上田村丸」的滅鬼

《鬼滅之刃》中能強化身體能力的所有「呼吸」，都衍生自「日之呼吸」。透過曾使用「日之呼吸」的最強劍士繼國緣壹，將招式傳授給其他劍士，進而發展出各式不同的「呼吸」。換言之，緣壹是該尊為「呼吸」始祖的人物。活躍於平安時代初期的坂上田村麻呂，在日本武家社會中就有近似緣壹的地位。他被桓武天皇任命為征夷大將軍、征討東北蝦夷等，留下種種英勇事蹟。補充一點：緣壹是以站姿就地身亡（第174

話），而田村麻呂死後也是以站姿入棺埋葬。

田村麻呂被譽為「平安京的守護神」、「將軍家的祖神」，有許多關於他消滅鬼怪的傳說。另外還有不少「坂上田村丸」的故事，坂上應該就是以田村麻呂及藤原利仁（平安時代前期的鎮守府將軍）為原型。尤其著名的是田村麻呂（田村丸）消滅鈴鹿山之鬼的軼事。位於現在三重縣龜山市與滋賀縣甲賀市交界處的鈴鹿山，自古即為交通樞紐，但因盜賊頻繁作亂，被傳為鬼的棲身地。

傳說中，這裡住著一位名為鈴鹿御前的女子，她的形象在各種文獻中並不一致。有人說她原本是女盜賊「立烏帽子」、在《御伽草子》〈田村草子〉中卻被描繪成仙女，與田村丸締結夫妻誓約。

〈田村草子〉中有田村丸消滅身長10丈（約30公尺）的鬼・大嶽丸的故事。田村丸受朝廷任命討伐大嶽丸，但大嶽丸受三明之劍保護、難以攻取。鈴鹿御前接近大嶽丸，完美將三明之劍騙到手，田村丸趁虛而入，討伐大嶽丸，化作魂魄的大嶽丸逃往天竺。後來，死而復生的大嶽丸以陸奧國霧山為據點再度作亂，依舊被田村丸擊退。而大嶽丸的首級，據說收藏於當時在平等院的「宇治寶庫」之中。

與蝦夷惡路王之戰

收藏在鹿島神宮寶物殿的惡路王首級及首級箱

在東北地方，坂上田村麻呂的治鬼傳聞中有名的故事，就是消滅「惡路王」。鎌倉時代的歷史書《吾妻鏡》寫道：「坂上田村麻呂與藤原利仁擊退蝦夷首長惡路王」。此外，也有源賴朝在滅掉奧州藤原氏一族、欲返鎌倉之際，惡路王經過要塞——「達谷的岩窟」（現岩手縣平泉町）的記述。推測是根據這些記述加油添醋，才把惡路王塑造成「慘無人道的惡鬼」。

田村麻呂征討蝦夷，在延曆22年（803年）的志波城築城大致畫下句點，但蝦夷眾人應該不太可能輕易服從租稅等中央政策。達谷的岩窟並非要害，應該是因位於擁有廣闊田地的山陰，他們靠著從事耕作維生，反抗到最後。在茨城縣鹿嶋市的鹿島神宮寶物殿中，有惡路王的首級及首級箱，而惡路王被當作是田村麻呂所討伐的蝦夷領袖——阿弖流為。

另外，由於戰國大名伊達政宗娶田村麻呂*的後裔田村氏之女為嫡妻，在仙台藩，歌頌田村麻呂擊退凶狠惡路王的奧淨琉璃《田村三代記》也廣受支持。於此作品也出現《田村草子》中的大嶽丸，以田村麻呂為原型的坂上田村丸討伐從陸奧國霧山中消聲匿跡的大嶽丸。據說田村丸分別把大嶽丸之首級、胴體、雙足、雙手埋在篦岳山、牧山、富山、大嶽山上。

除此之外，岩手縣也有田村麻呂擊退「魔王丸」這隻鬼的傳說。他清洗斬下首級之刀的地方被稱作「洗田」。不僅如此，山形縣也流傳著田村麻呂砍殺變性騙人的妖怪「杉妖石」的故事。雖然這些多為後人杜撰之故事，卻可由此窺得田村麻呂在東北地方強烈的存在感。

月百姿《音羽山月　田村明神》
音羽山係指清水寺，是坂上田村麻呂建蓋之寺院。院內有阿弖流為與母禮†的慰靈碑。

* 仙台藩藩主。
† 「阿弖流為」和「母禮」皆為蝦夷首長。

平安時代的「柱」——藤原秀鄉【十世紀】

與真實版黑死牟——百目鬼之戰

消滅最強怨靈——平將門——的藤原秀鄉

臉上有3對6個眼睛的上弦之壹．黑死牟，在第176話鬼殺隊的追殺中，身體開始長出無數的黑刀，變成異形。櫪木縣宇都宮市傳說中出現的百目鬼，據說有著跟黑死牟相同的樣貌。平安時代，有一位老人出現在藤原秀鄉面前，告訴他：「你現在就去西北方的兔田。」秀鄉一到兔田，就遇見一隻鬼，有一百隻眼睛、髮似刀刃、身體有一丈（約3公尺）高。秀鄉果敢朝鬼射箭，鬼逃到明神山倒下，卻不斷放出毒氣和火焰，危害眾人。在本願寺智德上人念咒之下，百目鬼化作人形死骸，此後，這裡的地名就變成百目鬼。

《俵藤太物語》的消滅大百足也很有名。近江國瀨田的唐橋橫臥著一隻20丈（約60公尺）的大蛇，秀鄉面不改色，踩踏著蛇身，渡到橋的另一端。之後不久，琵琶湖的龍宮使者現身，央求秀鄉去消滅大百足。過了午夜，出現了巨大的百足妖怪，秀鄉以強弓射之，卻遭彈回。不過秀鄉還是用沾了對蜈蚣而言有毒的唾液的第三支箭射穿了它的眉心。

秀鄉同時也以討伐平將門著名。天慶2年（939），舉兵制壓關東的將門，自稱「新皇」，京城眾人不寒而慄。不過，翌年秀鄉聯同平貞盛等人對抗將門，成功討平。傳說此時秀鄉用來討伐將門的，是宇都宮大明神所賜之靈劍。

《俵藤太秀鄉繪卷》
藤原秀鄉在流傳的軼事中消滅了百目鬼、龍宮的大百足等怪物。

真實版鬼殺隊——源賴光與四天王【十世紀】

與鬼之魁首——酒吞童子之戰

記載於日本古典文獻中的源賴光和四天王之勇猛英姿

在許多治鬼傳說中，最有名的就是源賴光和家臣消滅大江山酒吞童子的故事。他們除此之外還消滅了許多其他的鬼，堪稱「真實版鬼殺隊」。賴光是平安中期武將，清和源氏第3代，弟弟賴信的子孫中包括了建立鎌倉幕府的源賴朝。是攝關政治全盛期下藤原道長的左右手，擁有身為貴族的另一面。

賴光的家臣被譽為四天王（渡邊綱、坂田金時、碓井貞光、卜部季武），每一位都

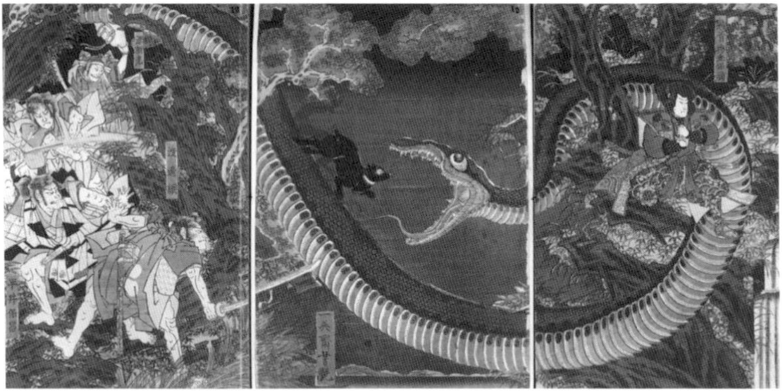

《大日本歷史錦繪》〈破奇術賴光袴垂為搦〉
畫中為大戰大蛇的源賴光與親信四天王，以及名氣響亮的武人藤原保昌。

是一騎當千的強者，可以說他們的存在也是將賴光拱上傳奇武人的原動力之一。

《鬼滅之刃》中，鬼殺隊最高階級的劍士被稱為「柱」，四天王對賴光而言，應該就像「柱」一樣。四天王的中心人物渡邊綱，在與茨木童子之戰中揚名，面貌俊秀，被傳為《源氏物語》主角光源氏的原型。坂田金時是民間故事《金太郎》的原型，以在足柄山跟熊比相撲的故事聞名。另外，碓井貞光用大鎌刀消滅住在碓井峠大蛇的傳說家喻戶曉。卜部季武則在《今昔物語集》中有以他為主角的說話，這些英雄個個都是故事主角級的武人。

酒吞童子與鬼舞辻無慘的出身背景

原本都是人的酒吞童子與鬼舞辻無慘的出身背景

《鬼滅之刃》中，所有鬼當中最強的就屬鬼舞辻無慘，而日本傳說中「最強的鬼」，一般認為是住在丹波國大江山的酒吞童子。兩者的出身背景及化作鬼的過程中，有幾個共通點。

鬼舞辻無慘生於平安時代的公家之家，體弱多病，大家都認為他活不過20歲。醫師讓他服用名為「青色彼岸花」的藥，使他獲得強韌的肉體，卻也變成無法走在陽光下的體質。就這樣，他成了第一個渴望人類血肉的吃人鬼，為克服日光，成為不死之軀，他開始製造鬼作為自己的道具（第127話）。

而酒吞童子則是從小就被託付給寺廟，12〜13歲的時候，已經長成一名挺拔的美少年。許多女性為他傾倒，他收到許多仰慕的信，卻一封也不讀，把它們通通燒掉。結果，戀情無法成就的這些女性，愛慕之情轉為怨念，酒吞童子在燃燒綴滿仰慕字句信件

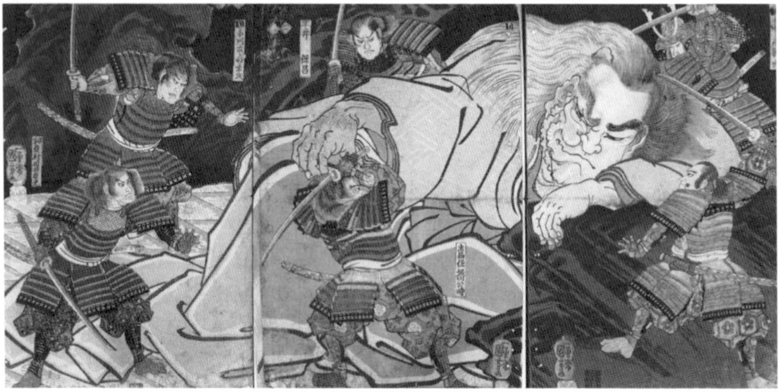

《大日本歷史錦繪》〈大江山酒吞童子〉
鬼之魁首——酒吞童子，可說是日本古典文獻中和鬼舞辻無慘有最多共通點的鬼。

的煙霧中化為鬼。據說他輾轉全國各地，最後落腳在大江山。傳說酒吞童子以大江山為據點，擁有茨木童子等多名鬼手下，屢屢現身平安京，擄走少女、殺死後直接生吞等，作惡多端。

以上是《御伽草子》中描述的出身背景，另外還有別的傳說，像是他是近江國富翁的女兒和伊吹大明神（八岐大蛇）的小孩、或是他生下來就是天才兒童、是因為悲嘆情人投水自殺才變成鬼等。不過，多數都提到他是有涵養的美少年，家教也相當好。

酒吞童子原本是人，變成鬼非其所願，這一點跟《鬼滅之刃》的鬼舞辻無慘一樣。他們在已化作鬼的絕望中，依舊執著於「生」。

真實版柱合會議與神便鬼毒酒

為打倒酒吞童子擘劃戰略的賴光一行人

奉命討伐酒吞童子的源賴光，率領四天王（渡邊綱、坂田金時、碓井貞光、卜部季武）前往大江山。此時，賴光一行人協商如何才能打倒酒吞童子、擬定戰術。這就像《鬼滅之刃》中集結鬼殺隊之「柱」於一堂所召開的「柱合會議」。討論後，結論是「以武士之姿正面宣戰，也無法接近酒吞童子」，於是決定變裝為「山伏（修驗者）」以攻進大江山。抵達眾鬼居住之城的一行人，見到了酒吞童子，提出「請讓我們借宿一晚」的請求，如願成功潛入。

類似折磨上弦之貳・童磨之毒的「神便鬼毒酒」

酒吞童子為歡迎賴光一行，召開酒宴，端出了盛著人血的酒盅。賴光將其一飲而盡，並且吃了人手人腿的菜餚下酒。之後，賴光對酒吞童子獻上攜帶的「神便鬼毒酒」，作為借宿一晚的謝禮。這種酒對人無毒，卻能讓喝下的鬼無法動彈。被譽為世間最強的鬼團體，就這樣陷入沈睡、失去了戰鬥能力。

在《鬼滅之刃》中，蟲柱胡蝶忍從藤花提煉殺鬼之毒，作為武器。和上弦之貳・童磨對決時，胡蝶忍粉身碎骨，被吸收到體內，其實胡蝶忍預先在體內攝取了致死劑量700倍之多的藤毒，因此，童磨的身體崩碎、散落一地，最後由嘴平伊之助以及忍的繼子香奈乎合力補上致命一擊。（第162、163話）

《和漢百物語》〈酒吞童子〉
酒吞童子喝下賴光帶來的神便鬼毒酒而亡。

執著於「生」之酒吞童子的臨終

宿有神力的頭盔保護了賴光

看準眾鬼喝下「神便鬼毒酒」靜下來的時機，源賴光一行人潛入酒吞童子臥榻，映入眼簾的，是酒吞童子化為身高2丈（約6公尺）、長了5根角、有15個眼睛、頭、軀幹紅色、手腳黑（左腳）、白（右腳）、黃（右手）、青（左手）的恐怖樣貌。

賴光拔刀，一刀斬落酒吞童子的頭，不料這顆頭卻飛到空中、朝著賴光的頭撲過來，這時，前往大江山途中入手的頭盔保護了賴光。原來這頂頭盔是八幡、住吉、熊野三神所賜的「星甲」，宿有神力。賴光轉為反擊之身，擊敗酒吞童子的飛天首級，也將手下的鬼一個一個殺得精光。他們救出被擄來的公主們，凱旋返回京城，得到天皇的賞賜。

酒吞童子在化為鬼之後現出可怕的姿態，《鬼滅之刃》的鬼舞辻無慘也不遑多讓。他有7顆心臟、5個腦，在受到產屋敷耀哉的自爆及珠世投藥打擊、又回復之後，變

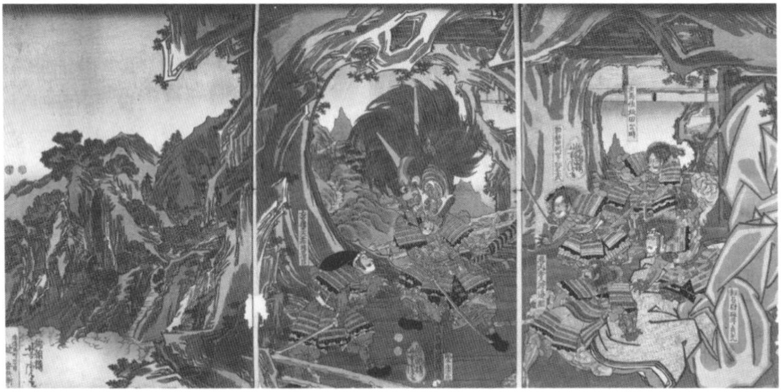

《大日本歷史錦繪》〈大江山酒吞童子〉
只剩一顆頭的酒吞童子還繼續襲擊源賴光，而具有神力的頭盔保護了賴光。

身為全身各處布滿醜惡嘴巴的異形之姿（第180話）。

《鬼滅之刃》的鬼被日輪刀斬首就會灰飛煙滅，不過無慘即使頭、身體被砍也能立即修復（第184話）。到了第199話，終於在朝日升起後，無慘宛如變成巨大的嬰兒，試圖保護自己不被日光傷害等，像這種對於「活下去」的異常執著之處，跟酒吞童子相同。

酒吞童子的首級，之後原本預定被搬到京都，但受到神的指示，表示不該讓污穢的鬼頭進入京城，於是埋在西京區山中。現在，當地建了「首塚大明神」。

與真實版猗窩座——鬼童丸——之戰

為父報仇的盜賊之鬼

《鬼滅之刃》出現的上弦之參．猗窩座原為盜賊，因犯罪被刺青後放逐（第154話）。日本古典文獻中盜賊被當作鬼的例子也屢見不鮮。如前述的酒吞童子，中世的鬼有許多叫作「〇〇童子」。這是因為當時打雜的人，無關年齡皆稱為童子，他們留著長髮，長髮的盜賊相當普遍，甚至出現「童盜人」（WARAWANUSUBITO）＊的稱謂。

《古今著聞集》中，源賴光之弟——賴信家中的鬼童丸遭捕捉，鎖進廁所。但是，鬼童丸扯斷鎖逃脫，為襲擊源賴光，將牛殺害、隱身其中。渡邊綱射穿這隻牛，鬼童丸飛撲而來，被賴光一刀斬下。鬼童丸也如其名是個賊，還有傳聞他曾經跟同時期的大盜賊——藤原保輔——較量過妖術。

《丹後舊事記》主張鬼童丸正是酒吞童子之子。擊退酒吞童子的賴光一行人，讓所有受困的女性返鄉，其中還有一位女性，精神異常到認不得回家的路，只好留在雲原之鄉，不久產下一名男嬰。這名男嬰出生就有牙齒，他是酒吞童子之子的傳聞四起。村民深怕他作怪，給他取名為鬼童丸，扶養至11歲。不過，他會用大石或大樹將豬、猴子等殺來吃，咆哮起來又像隻野牛，村民漸漸不給他食物，鬼童丸於是離開了村子。據傳，鬼童丸長大之後，襲擊了父親的仇人賴光。還有其他傳聞，例如鬼童丸是孤兒、或是比叡山的稚兒†，因作惡多端被放逐。猗窩座同樣有著失去雙親，因慣竊而被放逐的過去，從悲慘的身世到臨終遭斬殺，都與鬼童丸相仿。

河漢準源氏《市原野鬼童丸》
描繪為父親酒呑童子報仇，藏身於牛身之樣貌。

* 日本在682年天武天皇頒布結髮令，只有小孩散髮披肩，成人除了神部、齋宮的宮人、老嫗以外女子，皆需結髮。

† 平安時代於真言宗、天台宗等大型寺院中修行的帶髮少年修行僧。

與巨大山蜘蛛之戰

用鐵叉刺穿山蜘蛛晾在河岸上

《鬼滅之刃》中，竈門炭治郎一行人在那田蜘蛛山遇到蜘蛛少年鬼・累，他跟部下的那些鬼放出的蜘蛛絲招式讓他們陷入苦鬥（第29話）。類似的故事，也出現在鎌倉時代軍記物語《平家物語》〈劍卷〉中。

源賴光患病臥床時，出現了一隻身高達7尺（約2.1公尺）的怪僧，他試圖垂下繩子纏住賴光的身體，快碰到的瞬間，賴光察覺了，拿起備於枕邊的名刀——膝丸，對著該僧砍下。僧向外逃跑，當晚平安度過。翌日，賴光和四天王循著血跡追查，發現通往北野神社背後的一座大塚。劈開大塚後，出現一隻全長4尺（約1.2公尺）之巨大山蜘蛛，賴光等人用鐵叉刺穿山蜘蛛、晾在河岸上。之後，賴光康復，斬殺山蜘蛛的刀自此被稱為「蜘蛛切丸」。

這個山蜘蛛的故事，在能樂裡也有，叫作《土蜘蛛》。不過，要編入能樂腳本並不

《土蜘蛛襲來圖》 收藏於湯本豪一記念日本妖怪博物館（三次妖怪博物館）
據說在被源賴光和四天王擊敗的巨大土蜘蛛肚子裡，發現了眾多人頭。

容易，土蜘蛛（山蜘蛛）被當作「在葛城山修煉多年的鬼神正身」。葛城山原本就傳說山麓棲息著鬼的子孫，是與鬼密切相關的地方。

繪卷物《土蜘蛛草紙》中，山蜘蛛被描繪成巨大的蜘蛛之姿。賴光帶著家臣渡邊綱赴洛外北山蓮台野時，遇到飛天骷髏，賴光追到一棟古厝，一進去就遭到許多妖怪襲擊，費盡千辛萬苦擊退後，攻進深山洞窟，看見巨大的山蜘蛛，在一陣激戰後，終於打敗牠，據說刺殺後，從蜘蛛肚子裡發現了近2000個死人頭。

源賴光vs.化成鬼的弟弟——丑御前

成為英雄的哥哥賴光、以及作為鬼被討伐的弟弟丑御前

《鬼滅之刃》中，上弦之壹．黑死牟（繼國巖勝）有個雙胞胎弟弟叫作繼國緣壹。在戰國時代，雙胞胎被視為繼承權紛爭的不祥禍根，因此父親打算殺死緣壹，在母親調解之下，將他託付給寺廟，而巖勝則以繼國家繼承人之身被養育成人。不料，緣壹不管以劍士還是為人而論，都優於巖勝，巖勝為對弟弟的嫉妒、憎恨之念所苦。這時，鬼舞辻無慘趁虛而入，巖勝禁不起變強的誘惑，化成了鬼，卻到死始終無法贏過緣壹（第177、178話）。像這種描寫兄弟的鬼故事，在日本古典文獻中也相當多。在淨琉璃《丑御前御本地》中，描繪了源賴光、丑御前兄弟相剋。

丑御前一生下來就是個雙眼炯炯、牙齒長齊的「鬼子」，因此父親源滿仲下令立即殺死他，不過母親將他藏匿在大和國金峰山，被一個叫作荒須崎的怪力女官撫養長大。

丑御前15歲時，長成一位白皙高䠷的大力青年。不過，荒須崎把他的身世祕密告訴

了他，襲擊從京城來的官員，並公開宣稱自己是滿仲的次子。滿仲暴怒，欺騙丑御前、將他貶職到東國，但丑御前在東國培養了自己的勢力，試圖背叛朝廷。

賴光受命於父親滿仲、討伐弟弟

滿仲派出7萬軍勢給賴光和四天王，命其出征，兩者在武藏國激戰。四天王之一坂田金時原本沒有參戰，靜觀戰役發展，接到四天王敗退之報，朝賴光所在地出發，並提議留丑御前活口，前往丑御前之處。但丑御前不服，表示「兄弟之戰非你死即我活」，欲殺死金時，此時四天王其他人率軍攻入，丑御前的軍勢支離破碎。

隨後只剩下丑御前和荒須崎，據說丑御前投身隅田川，變身為體長10丈（約30公尺）的牛怪，大肆發威，讓賴光軍敗退。

渡邊綱vs.羅生門之鬼

原為棄屍處的平安京正門

日本的鬼傳說中，出現了許多堪稱鬼巢穴的地方。《鬼滅之刃》中，也有鬼舞辻無慘基地無限城、以及下弦之伍・累和他的「家人」住的那田蜘蛛山，以鬼巢穴之姿現身。堪與大江山齊名的，就是相當於平安京正門的羅生門（羅城門）。羅生門原本是保護平安京不被鬼侵害的要衝，經歷幾度強風後倒塌，不久便化為廢墟。在《今昔物語集》中有這樣的故事：有個男人上京來偷竊，偷偷摸摸潛入羅生門上層，發現無數死人被棄屍在那裡。

謠曲*《羅生門》中，有編入源賴光家臣、四天王之一渡邊綱在羅生門砍落鬼手的故事。聽聞「有鬼棲息於羅生門、無人敢接近」，綱說：「那就由我來治鬼吧」，隻身前往羅生門，在那裡遇上叫作茨木童子的鬼，廝殺對決，砍下了他的手。茨木童子大喊：「7日內必定奪回我的手！」然後逃向天空彼端。綱把鬼手裝進箱中，緊閉門戶，第7天傍晚，伯母來訪，央求「讓我看看鬼手」。綱無奈只好拿出來給伯母看，結果她一把抓住鬼手，就朝天空飛走了，原來是茨木童子變身為綱的伯母，來取回他一度失去的手。

另外，也有一說是綱和茨木童子對決的地方，是橫跨平安京堀川的一条戻橋。順帶補充：《鬼滅之刃》中上弦之陸．妓夫太郎與墮姬，是出身自相當於江戶吉原東河岸的羅生門河岸（第96話）。

《羅城門渡邊綱鬼腕斬之圖》
渡邊綱在羅生門砍落鬼手的刀，是名為「髭切」的名刀，現存於北野天滿宮。

＊ 能樂的腳本。

與妖術士決生死的大宅光圀和山城光成【十二世紀】

與真實版血鬼術士──瀧夜叉姬之戰

《鬼滅之刃》中鬼的悔改

《鬼滅之刃》裡，不存在「天生的鬼」。是鬼的始祖鬼舞辻無慘利用人的恨與嫉妒心乘虛而入，藉由分自己的血給對方，將對方變成鬼的。變鬼後，他們無法維持還是人的時候的思考方式，對人敵對心增強，即使是自己的血親，也會毫不留情咬死、啃噬他們。也有些鬼是在鬼舞辻無慘的吹捧下奪取人命的。這些都是失去人性的惡鬼，但也有些鬼在臨死之際，回復人性，安祥升天。

例如鬼殺隊最終選拔時阻撓竈門炭治郎的「手鬼」，死前回憶起自己還是人的時光，在炭治郎握著他的手當中消逝（第8話）。還有炭治郎和我妻善逸接受指令前往的宅院中所對戰的異能之鬼．響凱，當他還是人的時候，從事的是小說寫作。認識的人殘酷批評他「浪費紙和鋼筆」，還踐踏他的稿紙，恨意讓他狠狠殺死了對方。雖然如此，當他敗給炭治郎、即將消逝的那一刻，炭治郎說：「你的血鬼術很厲害!!」他流下眼淚：「我終於得到肯定了」，安祥地消失（第25話）。其他還有，住在那田蜘蛛山的下弦之伍．累，在消滅之刻，對無法覺察父母寧可犧牲性命的愛而道歉（第43話）。

類似的鬼之悔改故事，在日本鬼傳說中也有出現。特別有名的是平將門的女兒、施妖術的瀧夜叉姬的故事。她本名五月姬，應為傳說中的人物，不過在茨城縣筑波市過去實際存在的西福寺，流傳著她於該寺出家為尼的傳說。在當地稱她為「瀧夜盛姬」，在東福寺西邊距離約200公尺處的田還有她的墓。

成為妖術士替一族老小報仇

瀧夜叉姬的傳說，最早出現在江戶時代後期活躍的山東京傳讀本《善知鳥安方忠義傳》裡。她的原型，據判是鎌倉時代成書的日本最早佛教通史《元亨釋書》等記載為將門之女的如藏尼。她被認為在父親死後，終生為尼，福島縣磐梯町惠日寺的墓碑上，刻有「瀧夜叉姬於將門死後試圖復興，在失敗後出家」。

天慶之亂中，父親將門被殺、全族老小滅盡，五月姬好不容易存活，為了替父報仇，去了貴船神社參拜，貴船明神的荒神傳授她妖術，她遵循天意自稱「瀧夜叉姬」。習得妖術的瀧夜叉姬回到故鄉下總國，召集妖怪及盜賊夥伴反叛朝廷。朝廷則派出源賴信的家臣大宅太郎光圀和山城光成組成的討伐隊迎戰。

兩軍展開激烈攻防，最後以陰陽之術懲治了瀧夜叉姬。陰陽之術潔淨了瀧夜叉姬的邪心，讓她悔過，回到五月姬那個自我，據說她隨後升天奔向爸爸身邊了。也有另一說是她入了佛門，餘生憑弔父親將門的菩提。

在這個傳說中，有一段關於瀧夜叉姬喚出眾多骸骨的描寫。之後，江戶時代末期浮世繪師歌川國芳將它畫入《相馬的古內裏》，給後世留下相當深刻的印象。國芳描繪了瀧夜叉姬用妖術喚出骸骨，讓他們攻擊光圀的場景，成為後來昭和時期誕生的妖怪「餓者髑髏」的基調。《鬼滅之刃》中的鬼，在成佛之際，想的是雙親、手足，或是自己還是人的時期無法實現的一世願望。而瀧夜叉姬升天之際，想的究竟又是什麼呢？

《大日本歷史錦繪》〈瀧夜叉姬幻術之圖〉
立誓復仇的瀧夜叉姬使用各式各樣的妖術，讓討伐隊陷入困境。

安倍晴明後裔——安倍泰成【十二世紀】

與真實版墮姬「玉藻前」之戰

被權勢者拋棄的妖狐化身

上弦之陸・墮姬是以吉原為據點的年輕貌美女鬼，性格坦率、易受他人影響。主人鬼舞辻無慘一句「我很看好妳」，就促使她為了不負期望而殺了鬼殺隊的「柱」。

像墮姬這種妖豔、會拐騙人的妖怪傳說，在平安末期有鳥羽上皇寵妃玉藻前的故事。這是在《神明鏡》、《殺生石》、《玉藻草子》裡都看得到名字的傳說人物，原型一般認為是實際上曾是鳥羽上皇寵妃的美福門院（藤原得子）。

《大日本歷史錦繪》〈安倍泰成調伏妖怪圖〉
安倍泰成一念真言，玉藻前的變身就遭到破解，成為九尾狐之姿。

《繪本三國妖婦傳》中，記載她「18歲入宮，美貌及素養讓她成為鳥羽上皇的愛妃」。不過，不久上皇就得了原因不明的病，開始臥床，據說此時是由陰陽師安倍泰成開始探究原因。

泰成被視為安倍晴明的子孫，其實是傳說中的人物。泰成看穿上皇生病的原因在玉藻前，就開始揭露玉藻前真正的身分。當泰成念起真言時，玉藻前的變身被破解，出現一隻九尾狐，從宮中逃跑，但最終還是死於鬼殺隊手下。

玉藻前雖然深得鳥羽上皇寵愛，一旦原形畢露，就遭到拋棄。跟《鬼滅之刃》的墮姬一樣，令人唏噓。

與大頭魔王使者決生死的蒲生貞秀和土岐元貞【十五世紀】

與真實版童磨「食人佛」之戰

在魔王堂碰上巨大怪物

《鬼滅之刃》裡的上弦之貳．童磨有一個厲害招式，就是能變出巨大的冰佛像進行攻擊的「霧冰．睡蓮菩薩」（第162話）。在《老媼茶話》中，可以找到室町時代武將蒲生貞秀和部下土岐元貞，與如同「霧冰．睡蓮菩薩」一樣巨大的怪佛作戰的記述。

貞秀布陣的甲斐國豬鼻山，傳說有一頭人稱大頭魔王的吃人怪物。貞秀勇猛的部下土岐元貞，接近傳說的岩窟——魔王堂——時，遇見身高2丈（約6公尺）的山伏，元貞將他砍倒，不料要使出最後的致命一擊時，山伏卻化作一隻鷹飛走了。元貞試圖進入魔王堂，眼前站著一尊身高2丈的仁王像擋住去路，雙方以相撲一決勝負，元貞把仁王像摔飛，仁王像粉身碎骨。之後，從深山出現一個鬼婆，把仁王的身體碎片收集起來，恢復原狀，再次決鬥，還是被元貞砍掉了頭。

接下來，魔王堂內出現一尊阿彌陀佛，說道：「我接受大頭魔王之勸，成了吃人妖怪」。據傳，元貞聽了大怒：「理應救人之佛，豈有食人之理」，把佛也打個粉身碎骨。這可說正是讓人聯想到童磨血鬼術的描寫。

《新形三十六怪撰》〈蒲生貞秀臣土岐元貞甲州豬鼻山魔王投倒圖　大頭魔王〉

應該救人的佛及仁王周遭畫了無數骸骨，可知其為妖怪。

流傳至今的真實版日輪刀

細數斬鬼名刀

鬼殺隊配備的殺鬼「日輪刀」

《鬼滅之刃》中，鬼殺隊的標準配備「日輪刀」，是太陽光之外唯一能打敗鬼的武器。它的原料砂鐵（猩猩緋砂鐵）及礦石（猩猩緋礦石），採自距離太陽最近的陽光山，具有吸收陽光的效果（第9話）。

日輪刀的形狀，基本上與被稱為「鎬造（SHINOGIZUKURI）」的一般日本刀形狀相同。鎬造是將鎬（平行於刃背、稍微隆起的部分）製作在比刃*與峰†的正中間略偏峰側的作法，屬於適合實戰的劍。

同時，由於日輪刀會依不同的主人變出不同的顏色，別名「色變刀」（第9話）。赤色適合炎之呼吸、青色適合水之呼吸的主人，而在炭治郎碰觸之下，刃變成了黑色。由於這類例子極為罕見，會不知道該專注修煉哪一個系統，因此自古一般認為「黑刀的劍士無法出人頭地」（第54話）。

可謂武士象徵的日本刀，最初出現於平安時代後期，隨著武家權力的提升，刀的鍛冶技術也不斷提高。到了鎌倉時代，各地開始出現名工‡，可說進入日本刀的黃金時期。

＊刀背、鈍的那一側。
†刀鋒、利的那一側。
‡對卓越工匠的稱呼。

《賴光四天王》〈大江山鬼神退治之圖〉
除了童子切安綱外，賴光四天王坂田金時有「切髭」、卜部季武有「痣丸」，各擁名刀。

到了室町時代，流行刃朝上配戴的打刀，打刀能迅速揮刀，於戰國亂世再適合也不過。

不過，進入江戶時代，天下泰平之世，刀作為「武家象徵」的意味日趨強化。到了幕末時期，實用性再度受到重視，而在明治時期頒布廢刀令，除了一部分例外，基本上禁止帶刀。

斬殺鬼之魁首的天下五劍之一——童子切安綱

至今依舊存在相當數量的日本刀，其中也存在傳說殺過鬼的刀。評價極高、被譽為名刀中的名刀的「天下五劍」——「童子切安綱」——也是其中之一，傳說是斬殺君臨大江山的最強之鬼——酒吞童子——的刀。製作者一般認為是平安時代中期、伯耆國大原的刀工安綱，刀身強度和鋒利度都出類拔萃，和「大包平」並稱「日本刀的東西兩橫綱」，在《享保名物帳》中，讚其「品質極上之上，安綱之作無與倫比」。

與童子切安綱同屬於天下五劍之一的「鬼丸國綱」，也正如其名，流傳著跟鬼有關的軼聞。鎌倉幕府5代執權北條時賴，每晚夢中都有小鬼出現，不堪其擾。不過，夢裡出現一位老翁，告訴他「如果想快點治鬼，就要擦掉刀上的鏽斑」。時賴依言擦掉鏽

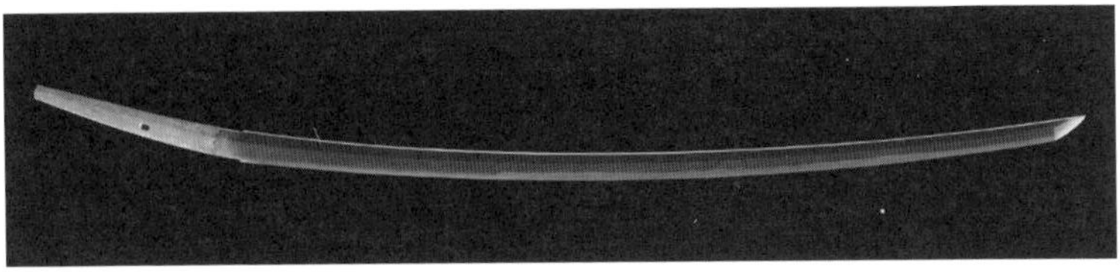

國寶　太刀　銘安綱　收藏於東京國立博物館
圖片提供：TNM Image Archives
平安時代名工安綱的作品，天下五劍之一。

痕，沒有收入刀鞘，立於枕邊。結果，刀倒向火鉢台，砍斷了上面雕刻的鬼的頭，據說其實那就是小鬼，從此不再出現在時賴夢中，時賴身體也恢復健康。順帶一提，在歷史故事《太平記》中，做這個夢的是初代執權北條時政。

別名「髭切」的「鬼切丸」，也是跟鬼有深切淵源的刀。據《太平記》記載，這把刀的主人是坂上田村麻呂，遵循天照大神的天意供奉在伊勢神宮。之後，由源賴光繼承、借給家臣渡邊綱。綱用這把鬼切丸將大鬧大和國宇陀郡的鬼手斬斷，而賴光也用鬼切丸大戰想取回手的鬼、砍下牠的頭。

其他還有許多殺過鬼和怪物的日本刀軼事，不過當然並不是實際上真的砍過。只是，鍍上「砍過鬼」這層金，就能以名刀之名代代流傳。《鬼滅之刃》的日輪刀，如果實際存在，想必也會是千古流傳的名刀。

專欄

從鬼身上得到靈感進行造人的西行

西行是活躍於平安時代末期的歌人，佛教說話集《撰集抄》中有他以人工造人的記述。西行本為武士，是和百目鬼決死交戰的藤原秀鄉之子孫。他透過和歌與文人深交，但出家後孤寂度日。在這樣的環境下，他想起收集鬼骸骨做成人的故事。

《鬼滅之刃》中，出現了重現傳說劍士．繼國緣壹招式動作的機關人偶「緣壹零式」，而西行則是撿拾野外任憑風吹雨淋的骨頭，施返魂之術以造人。不過造出的，外觀是人，面相卻很兇惡、聲音又微弱、也不具備人的心智。結果據說西行將其棄置於高野山深處，很快就喪失了造人的興趣。

月耕隨筆《西行法師》

和百目鬼死戰的藤原秀鄉之子孫西行，從鬼身上得到靈感進而造人。

第3章

隱藏的鬼滅黑暗歷史

《鬼滅之刃》其實是鬼vs.鬼之戰

鬼究竟是指「誰」？

「原本是人」，卻遭排除於社會秩序之外

現實世界中，並沒有確切證據足以證明《鬼滅之刃》中那些異形之鬼的存在。那麼，現實世界中的鬼，究竟是怎樣的存在呢？廣義上應該可說，所謂的鬼，是一種伴隨著超越人力所能控制的過剩力量及強烈、巨大、醜惡的存在吧。它可能是住在山中的野獸、可能是疫病、也可能是災害。降災害於眾人之身的、超越人智的觀念性存在就是鬼。

那麼，會吃人、擄人等帶來具體受害的鬼又是誰呢？直接講結論——同樣是人。從

某一方來看，危害自己所屬群體的就是鬼。最好懂的例子，就是被稱為土蜘蛛等不服朝廷的地方勢力。傳到後世，在繪卷等作品中，他們雖然被描繪為蜘蛛妖怪，但事實上他們也是不折不扣的人。還有，在《清水寺緣起繪卷》中，被稱為蝦夷的東北地方軍勢，也被描繪成鬼的樣貌。這些人都說不上是「絕對之惡」的存在，卻被當作鬼，片面地遭到討伐。

在過去的時代，不似現代日本有社會福利制度，社會上的弱勢，會被彈出整然有序的村落，成為住在山裡的漂泊之民。在這當中，也有人淪為犯罪集團，進行搶劫、殺人、擄掠。就是這些人，被貶為鬼，遭人唾棄、恐懼。民間故事中，有許多都是描寫鬼對人的怨恨、憎惡，或是怨恨之情讓人化身為鬼。《鬼滅之刃》中出現的鬼，雖然都是吃人的「絕對之惡」存在，不過，還是會讓我們腦海浮現這種被排除於社會秩序之外、被視為鬼的人。

《鬼滅之刃》的鬼，原本也都是人。他們或許因為缺乏家人的愛、或許出生境遇多舛、或許背負著失去所愛之人的傷痛，因為形形色色的苦衷，而變成了鬼。他們雖然是敵人，卻存在令人不由自主將自己情感投注進去的空間，這一點，成了這部作品相當大的魅力。

鬼殺隊其實是「牆外人」*集團

他們不屬於人類群體

前面提到，不服朝廷等權力的集團、或被排除於社會秩序外的犯罪者，會被視為鬼，其實《鬼滅之刃》裡，除了鬼，還有其他不在社會秩序之內的人，就是鬼殺隊成員。第4話中有說明，鬼殺隊是「沒有得到政府正式認可的組織」，第54話中有一個場景，車站站員看到持刀的竈門炭治郎一行人，大喊「叫警官來」。

此外，鬼殺隊成員中有不少人，過去的悲慘程度比起那些鬼毫不遜色。作品中，在一般社會中過著普通生活的人，志願進入鬼殺隊是非常稀有的例子。為什麼鬼殺隊要設定成不為政府公認，而且是被排除在社會秩序之外的人組成的集團？《鬼滅之刃》故事的深奧及魅力之一，就在這裡。

日本自古有一些人，並不是為非作歹，就只是過著不屬於都市或村落的生活，像是在山地狩獵的、製鐵的、採集藥草的、表演藝能的，一些營生手段跟村落的互助共生社會不同的人。這些人或者住在像山上這種神或妖魔的地盤、或者是浪跡各地的漂泊民†。像這些職業特殊，不是「附近鄰居」的人，雖然嘉惠於人、提供了村落沒有的產物或娛樂，同時卻也由於是來自外部的、摸不著底細的「牆外人」，有時會成為大家輕蔑的對象。主角竈門炭治郎，家住山中，以賣炭為業；同梯的我妻善逸及嘴平伊之助是棄兒；其他還有盲人、忍者、製作日輪刀的鍛冶村落的人等，鬼殺隊是由這些沒有在城鄉群體編制中的人所組成。

《鬼滅之刃》描繪的世界觀，基本上可以想成建構基礎是被人類群體排除在外、開始作惡的「鬼」，加上同樣不屬於人類群體、但嘉惠於人的「牆外人」（＝鬼殺隊）。

鬼也好、「牆外人」也好，他們都因為來自外部而受到鄙視，大家一直避諱不談的、日本暗處的歷史，隱藏在《鬼滅之刃》的世界觀裡。

＊ 原文為「埒外者」，此書中意思近似「社會邊緣人」。
† 居無定所之人，又譯「游動民」、「移動民」等。

當不了人的vs.牆外人的悲哀戰鬥

不是「普通人」，就被視為「鬼」

鬼殺隊成員中，有許多人背景都設定為「牆外人」。大部分的「牆外人」都有無法隸屬於人類群體的苦衷。例如製鐵的人，當原料砂鐵採盡、製鐵不可或缺的木炭原料來源的樹砍伐光了，就必須移動到別處。賣藝維生的人必須巡迴於各城鎮之間，以賺取日薪。像這些具備特殊技能的人，看起來就是跟「普通人」不一樣。

日本人的民族性，一般認為同儕壓力較大。這是因為產業結構以農業為主體的時代很長。不同於狩獵，農業需要大量劃一且穩定的勞動力，因此，與他人間的協調性相當重要，個人色彩或卓越的能力是不需要的。日本社會的基底，追求的是維持「普通」的精神構造。

戀柱．甘露寺蜜璃，肌肉密度是一般人的8倍，這種特異體質導致她相親失敗（第123話）。另外，岩柱．悲鳴嶼行冥是盲人，住在寺廟裡，養育寺裡領養的孤兒（第

135話）。他們都可說是跟村落社會的劃一性有著不同特徵的人物，這些人物會被排除在社會框架之外。

與鬼有同等能力的「柱」

《鬼滅之刃》裡，鬼擁有人沒有的特殊能力——血鬼術。同時，鬼殺隊成員則用叫作「呼吸」的特殊能力來對抗鬼的血鬼術。如果鬼和鬼殺隊外貌沒什麼差異，應該會分不出誰是鬼吧。第128話中，提到「呼吸」發揮到極限，就會出現像鬼紋的斑紋，這可說是代表人的鬼化。日本古典文獻中，有役小角那樣，在山中修行，得到特殊能力，使喚前鬼、後鬼兩隻鬼；還有陰陽師——安倍晴明，使喚叫作「式神」的鬼，具備超能力的人物，都和鬼有較密切的關係。

所謂的鬼，是超越人力量的存在，「牆外人」、或是擁有跟村落社會眾人不同能力的人，其實也會被視為跟鬼同等的存在。《鬼滅之刃》其實是「當不了人的＝鬼」，和同樣也是異於「普通人」的「近似鬼的人」之間的戰鬥。

從竈門炭治郎看賣藝「傀儡子」

提供娛樂的漂泊民

社會上有一些約定俗成的規範或規則等必須遵守的事項。如果違反或不從，就會成為批判的對象，遭社會放逐，這就是所謂的「牆外人」，他們成了排除在社會秩序之外的存在。特別是平安時代，這些人被視為「鬼」。他們多半無法過一般生活，在太陽照不到的地方度日。有人住在遠離人煙的深山、也有人漂泊（流浪）到各地。一邊狩獵，閒暇之餘，表演配合歌曲操作人偶（傀儡）跳舞的技藝、巡迴各地的人，叫作「傀儡子」（傀儡師）。

傀儡子從一個村子遊走到另一個村子，多數人一輩子當中都不會有機會與公界（世間）同化。雖然如此，倒也並非跟世間斬斷一切關聯，還是有生活上最低限度的往來。

比方說，來到一個村落，就會造訪家家戶戶、在門口獻上賀詞，甚至表演。還會占卜、驅邪、加持祈禱等，一開始宗教性質較強，不過隨著時間經過，漸漸演變成謀取生計的藝能表演。

傀儡子除了操控傀儡的傀儡戲，還會進行表演，男性是相撲或魔術、劍舞、滑稽表演等，女性則配合劇情唱歌。寬治元年（1087）大江匡房撰寫的《傀儡子記》中有介紹關於傀儡子集團的各種表演。

《傀儡師筆操》

流浪各地的傀儡師，以表演人偶劇、魔術、滑稽技藝等維生。

「男性都擅長弓道及馬術，還會變魔術，用2把劍將沙石變成錢、或是把草木變成鳥獸。女性則畫眉毛、染牙齒、在臉上畫傷心哭臉的妝、假裝腳沒力氣彎著腰、裝出一副蛀牙牙痛的表情假笑之類，或者唱歌賣弄風騷、誘惑男人。」

到了鎌倉時代，原本一直流浪各處的傀儡子也開始隸屬於寺廟神社，並且分散定居。傀儡子的表演昇華為猿樂及人偶劇等，然後再進而分枝為人形淨瑠璃、能樂（能及狂言）、歌舞伎等。傀儡子在寺廟神社舉行的相撲和劍舞，作為祭神儀式，至今依舊廣為傳承。

在山裡繼承技藝的竈門家之特殊性

《鬼滅之刃》中，描寫主角竈門炭治郎家代代傳承叫作「火之神神樂」的驅邪神樂（第40話）。透過整晚不停獻舞，來祈求1年的無病息災，竈門家嫡子炭治郎也學會了它的舞型。

炭治郎之父——炭十郎——雖然體弱多病，卻知道以最低限度動作發揮最大限度力量的呼吸法，所以可以跳一整夜舞。進了鬼殺隊的炭治郎，從「火之神神樂」衍生出「圓舞」、「碧羅之天」、「灼骨炎陽」等劍法。而大家會漸漸知道，「火之神神樂」和被稱為「起始呼吸」的「日之呼吸」，兩者間其實關係極為密切。

傀儡子後來隸屬寺廟神社或公家，因此藝能集團得以發展，而即使沒有得到專屬雇用的傀儡子，跟寺廟神社的連結還是很緊密。他們確立了江湖藝人、闖蕩藝人的地位，也能夠自由進出未知國度。有些為政者注意到他們這種特殊性，利用他們當間諜，導致世人開始對傀儡子抱持警戒心，冷眼看待這些「排除在社會秩序以外的人」。傀儡子會施展不可思議的魔術，原本就可疑，在世人眼中應該是像「鬼」一般的存在。

「火之神神樂」也不是那種鄰居會來看的表演，竈門家當主會在年初從日沒到黎明獨自不停跳舞。在層層積雪的山裡，不斷反覆跳著幾百、幾千、幾萬遍所有的舞型。（第151話）。

作品中並沒有敘述竈門家是離群索居的狀態，但也沒有描寫他們積極和村落的居民交流。村落的人們，是如何看待「火之神神樂」的呢？代代繼承「火之神神樂」的竈門家並不是漂泊民，但居住在遠離村落人群的山上。在山中繼承技藝的竈門家，令人聯想到中世的藝能集團——傀儡子——的樣貌。

從時透無一郎看「SANKA」（山窩）

在山上長大的鬼殺隊成員

日本列島地形多起伏，山地面積約占國土的3分之2。由於大部分都覆蓋著森林，跟不上社會秩序的漂泊民就在山中生活。打了敗仗的武士逃到深山，隱居度日的隱里傳說*也不少，例如平家的落人傳說就廣為人所知。此外，NHK大河劇《麒麟來了》的主角明智光秀，也有傳說他逃到故鄉美濃，改名為「荒深小五郎」隱居，曾經試圖參加關原之戰，卻喪命於洪水。

由於山地幾乎沒有田，山裡的人都靠當MATAGI（靠狩獵維生的人）、木地師（加工、製造木碗或缽等木工製品的職人）或樵夫（砍伐、運送林木的人）等維生。有一說是MATAGI一詞來自「叉鬼」。

《鬼滅之刃》鬼殺隊的「柱」——時透無一郎，父親是樵夫，在現在跨東京都八王子市和神奈川縣相模原市的景信山（海拔727公尺）從事伐木工作。不過在無一郎10歲時，父親去採藥草，摔落懸崖而死。母親則因感冒轉成肺炎而亡，只剩下雙胞胎哥哥有一郎和自己兩個人。在一個夏天夜晚，遭鬼突襲的哥哥受了重傷，無一郎暴怒，跟鬼交戰到旭日升起為止（第118話）。鬼殺隊還有許多在山上長大的成員，其他像是主角竈門炭治郎、在山裡被山豬養大的嘴平伊之助等。

關於「住在山裡的人」，有一些人在山區漂泊度日，人稱「SANKA（山窩）」。《廣辭苑》中的定義是：「過去不定居於村里，而被認為在山中或河岸等地、以家族為單位，進行野營、過著漂泊生活的那些人」。據說到昭和中期左右都還有山窩，沒有戶籍的人應該也很多。

「SANKA」這個稱呼是外部來的總稱，在不同地區，還有「PON」「KAMETSURI」「MINAOSHI（箕直）」「MITSTUKURI（箕作）」「TEMBA（轉場）」等稱呼。用漢字寫，也有「山窩」「山家」「三家」「傘下」等寫法，過去並沒有統一的表現。

＊隱居遁世的傳說。

生活與權力沒有交點的謎樣族群

生於山中、生活於山中、在山中終其一生的「山窩」，他們的生活多半是不為人知的謎團。關於起源，也有諸說，例如被大和王權趕到山區的人的後裔、始自中世遊藝和職能集團、還有幕末維新動亂期到山區避難的人等。

由於沒有人正確調查過人口，無法得知究竟過去有多少「山窩」。不過，推測在明治時期全國約有20萬人，到了昭和20年代也還有1萬人左右。不過，實際狀況都不清楚，因為他們漂泊移動劇烈，其移動軌跡很難掌握。此外，「山窩」並不是一種足以影響日本政權、政治或經濟、軍事、文化、宗教等面向的勢力，因此，長久以來都無人投入研究。

還有一說是，那些「山窩」並不樂見自己的存在被公開。「山窩」在日本進入迎向經濟高度成長期的昭和年代後，就迅速消失，或許是由於生活環境改變，他們開始混入一般人群中度日。即使如此，日本民俗學創始者柳田國男曾受警察委託實地調查，並不是完全沒有調查。「山窩」一詞開始廣為人知，也是因為戰後三角寬發表了以「山窩」

為題材的小說。根據研究和小說等內容，「山窩」沒有戶籍，常常易地而居。或在河岸搭起帳幕、或在隱密的場所建造簡易小屋、捕捉河魚採取山菜等維生。還有，據說還會製作以竹為主材料的畚箕、竹簍等，造訪農家，跟他們換取穀物。不過，由於似乎不太理解私人所有權，有時候會侵入村落竊盜。語言基本上用日語，不過也使用他們獨有的詞彙和文字。

「山窩」究竟是怎樣的一群人，至今依舊留下許多謎團。不過，實際上過去一定有人像《鬼滅之刃》的時透無一郎一樣，生於日本人心目中神聖的山上、然後長大成人。

從宇髓天元看活在黑暗中的戰鬥集團「忍者」

在搜集情報任務中最重要的是活著回來

《鬼滅之刃》的音柱．宇髓天元原本是忍，在吉原遊郭跟竈門炭治郎他們一起大戰上弦之陸．妓夫太郎和墮姬兄妹（第76話）。實際上忍者及忍術的誕生時期諸說紛紜，其中一種是飛鳥時代聖德太子起用大伴細人負責情報搜集，把他稱為「志能備」＊就是「忍」的起源。據傳太子非常聰明，可以一次同時聽取好幾個人的主張，不過也傳說，實際上細人的貢獻相當重要。

不過，「志能備」跟現在我們想像的忍者應該是不同的。聽到忍者，或許會有使用手裏劍或鎌刀戰鬥集團的印象。不過，他們其實擔任的比較像是悄悄觀察敵人狀況，然後向我方報告的間諜角色。

再來，忍開始被稱為「忍者」，應該是在戰後之後，戰前「忍術使」才是比較普遍的稱呼。江戶時代以前沒有統一的稱呼，不同的大名家，用的就是不同的稱呼。例如武田家是「透破（素破）」、織田家是「饗談」、德川家是「隱密」、上杉家是「軒猿」。「透破」悄悄搜集各式各樣的情報，然後公開，也是因為如此，才誕生了「透っ破（素っ破）抜く」[†]這個詞。

忍在可靠史料中能夠確定其存在是在南北朝時代，《太平記》中記錄了室町幕府的執事高師直使用過「忍」。到了戰國時代，忍的重要性增高，放火、破壞、夜襲、埋伏等，執行各式各樣主君下令的任務。當中最重要的就是搜集敵方情報，《鬼滅之刃》中、忍出身的天元，也從潛入遊郭搜查的「女忍者」出身的3位「妻子」身上，得到許多情報（第71話）。

話雖如此，好不容易到手的重要情報，傳不到雇主手上也沒有任何意義。如果半途被殺，還得憂心我方機密情報流入敵方手中。因此，會盡可能避免戰鬥，活著回來被視為最重要的一件事。

＊ SHINOBI，發音與「忍」相同。
† 祕密、醜聞曝光之意。來自忍者（透破、素破）會悄悄搜集情報、或拔刀相逼揭露祕密的背景。

《鬼滅之刃》中，潛入遊郭後，發現鬼是上弦的天元，敦促階級尚低的炭治郎和嘴平伊之助歸隊。炭治郎不服，天元開導他「別覺得羞恥，活著的那一方是贏家」（第75話）。即使處於身為劍士通常會奮力迎戰的場面，忍出身的天元還是能夠保持冷靜。

提到忍者，許多人腦海會浮現全身黑色的裝束，不過實際上，忍會偽裝成農民、商人、僧侶等，以進行諜報活動。現代也是，真正的間諜會裝扮成隨處可見的人。天元身為「柱」，也從事戰鬥活動、行為舉止又高調，可說潛入遊郭搜集情報的天元的妻子們，比較接近真正的忍。

由過度嚴苛的訓練成就的宇髓天元

忍有各式流派，特別有名的是「伊賀流」和「甲賀流」。四方環山的伊賀及甲賀，沒有受到太多周遭大名的影響，發展了忍的自治體制。而這些忍，也會有不少來自近隣諸國的工作委託。甲賀流基本上對於主君會極盡忠義，而伊賀流則是能受金錢雇用、傭兵色彩較濃的集團。因此，即使同樣身為伊賀流的忍，據說還是有相互廝殺的例子。

在戰國時代，大名爭相起用的忍，到了和平的江戶時代，失去了醒目的活躍機會。在和上弦之陸對戰時，天元受毒藥攻擊，表示：「老子出自忍世家，有抗藥性，毒對老子是沒用的。」這時，墮姬回道：「忍這種東西、早在江戶時代就絕跡了吧？」（第87話）。

話雖如此，忍者並非完全絕跡，伊賀流受德川家徵召，雇為幕府的御用忍者。他們不止為幕府查探諸大名之動向，也擔任江戶城下之治安警衛、管理成為空屋的宅邸等。

在天元的時代，忍已成為過去式。不過，天元的父親因為憂心一族就此衰退下去，彷彿中邪般強迫孩子們接受過度嚴苛的訓練。結果原本有9人的姊弟，相繼死亡，活下來的只有天元和小他2歲的弟弟2個人（第87話）。雖然流派不明，但從被課以嚴苛訓練這一點來推測，應該是擅長於體術*的伊賀流。或許多少也受此影響，在赴最終決戰前「柱」聯合練武時，他著重徹底提升基礎體力（第130話）。

進入明治、大正時期，開始出現對於像忍這種工作的需求，日本軍也設置了搜集情報及掌管謀略工作的特務機關。忍本身的存在雖然消失，但其血脈切實地被承傳至今。

* 武術中主要靠肉體、赤手空拳進行招式、攻擊、防禦之術。有時也會用短武器。

從鋼鐵塚螢看製鐵專業集團「產鐵民」

把森林砍光光製造禿頭山的人

《鬼滅之刃》有出現保養維修鬼殺隊用刀的鍛刀師傅住的藏身村落。為防止鬼襲擊，村落所在處連鬼殺隊都蒙在鼓裡（第100話）。為主角竈門炭治郎鍛刀的鋼鐵塚螢，脾氣暴躁，但技術可靠，能夠貫注身心在不斷反覆研磨刀刃的工作上。（第117話）。

村落所在地遭鬼舞辻無慘查出、派出上弦鬼半天狗和玉壺，造成有人死傷，不過炭治郎和「柱」的劍士甘露寺蜜璃、時透無一郎發揮威力，予以擊退。村落雖然蒙受了損害，但那些鍛刀師傅為了不時之需，早備有「空村」，將據點移至該處（第128話）。《鬼滅之刃》的大正時代，廢刀令頒布已經過30年以上，刀的需求銳減。因此，鍛刀師傅是相當珍貴的存在，鬼殺隊為了能讓他們幫自己製刀，將優秀人材藏匿在村落裡。

這些鍛刀師傅從一個村落轉移到另一個村落的景象，彷彿日本「產鐵民（製鐵民）」。正如其名，擁有製鐵技術的人，在古代狀況有點不同。

古代的日本列島，是用一種叫作「TATARA（吹踏鞴）」的製鐵法製鐵，把原料鐵砂或鐵礦石、以及還原用的木炭放進黏土製的爐中，然後送風提高爐內溫度。關於「吹踏鞴」這個名稱有許多說法，由於《古事記》中，跟百濟和新羅的交涉地點，有「TATARA場」「TATARA津」等稱呼，也可能是從大陸或朝鮮半島跟著製鐵技術一起傳來的。

吹踏鞴製鐵法需要大量木炭作為燃料，因此他們會把山地樹木砍個精光，導致從事吹踏鞴製鐵的地區山都光禿一片，變得容易發生洪水，而且，他們會排放鐵砂洗出來的泥水，對下游的田地也有不好的影響。產鐵民採盡鐵砂、砍盡樹木後，就會移動尋找下一個場所。因為他們的舉動對農民而言，沒有比這個更令人困擾的事了，大家都用奇異的眼光看待產鐵民。不過，也有些產鐵民顧慮到鄰近居民、只在冬季產鐵。另外，在吹踏鞴製鐵的中心地奧出雲地方，為了防止山禿掉，是以25～30年週期計畫性地進行採伐。

在古代日本受到重視的「鐵」

看起來只像一種危害農業及環境之存在的產鐵民，其實卻是古代國家形成的關鍵人物。古代日本開始正式使用鐵器一般認為在彌生時代，隨種稻技術一起從大陸及朝鮮半島傳入。一開始多半仰賴朝鮮半島，例如掌握鐵原料供給路線的大和王權，就得到掌權者地位，鐵同時也是左右政治的存在。

倭國（大和王權）到了4世紀，積極進出朝鮮半島，不過可以推測主要目的是確保半島南部的鐵資源。現今在中國吉林省的廣開土王碑（好太王碑），刻有391年倭國軍勢在朝鮮半島和高句麗作戰的事蹟。

另一方面，也有人把產鐵民視為天狗或鬼。其運用的不可思議怪技術也是理由之一，不過最大原因是他們的外貌。產鐵技師臉常被火烘烤，很多人臉很紅，導致有人把他們看成天狗或鬼。《鬼滅之刃》中的鍛刀師傅，每個都帶著「火男」面具，這不單是為了防止被鬼認出身分，還有一個目的是要防止鍛冶時火花濺到眼睛。

推測產鐵民也是為了保護眼睛才戴面具，不過，或許是面具讓他們看起來像鬼，鐵跟鬼有著緊密不可切割的連結。比方說，酒吞童子傳說中有名的大江山所在地——丹後地方，自古就和大陸交流頻繁，據傳渡海過來定居在這裡的人，靠著高度金屬精煉技術致富。還有，曾經是鐵礦石產地的吉備地方（現在的岡山縣），有許多像《桃太郎》一樣會出現鬼的傳說。主角桃太郎帶著狗、猴子、雉雞打敗鬼的「元祖滅鬼」故事，也有考察主張「桃太郎打倒的鬼是產鐵民」。

產鐵民的製鐵技術跟武力也息息相關，當中甚至有領袖獲得王位。也有一說，主張原本反叛中央政權的勢力被撲滅，將其改編成故事流傳到後世的，就是《桃太郎》。《鬼滅之刃》裡，出現相當多像「火之神神樂」或「柱」等、跟日本神話也有密切關係的詞彙。之所以描寫對鍛刀師傅的重視，或許也是因為想跟古代日本重視鐵的史實做出連結。

從悲鳴嶼行冥看享優遇制度的「盲人」

意圖提高盲人地位及生計安定的「當道座」

《鬼滅之刃》中，有一位盲人角色。岩柱・悲鳴嶼行冥是「柱」當中的統籌角色，他的實力被譽為「鬼殺隊最強」。特別刻畫出他的強大的，就是在無限城與上弦之壹・黑死牟的交戰。黑死牟把鬼殺隊士時透無一郎跟不死川玄彌瞬間逼到完全失去戰鬥能力，跟悲鳴嶼和不死川實彌2位「柱」交手時，也讓人見識了他毀滅性的力量。不過，悲鳴嶼的武器——用鏈條將手斧和鐵球串在一起的特製日輪刀——，藉由鏈條揮動時發出聲音的迴響，能夠正確掌握空間和動向，即使眼盲也能夠精準地跟敵人對峙。就連上弦鬼中最強的黑死牟，都認同悲鳴嶼的強大，說「多久沒遇到如此境界的劍士了……這才真的是相隔了三百年吧……」（第169話）。

明治時代之前的日本，社會保障制度不像現今如此完備，不過，還是有男性盲人的職能公會（行會）——名為「當道座」的自治型互助組織。此外，也有女性盲人的組織，叫作「瞽女座」。當道之祖為9世紀仁明天皇的第4皇子人康親王，他也雙目患病，隱居在山科。他教盲人琵琶及管弦、詩歌等，被尊為琵琶法師的祖神。

鎌倉時代《平家物語》相當流行，而貢獻極大的，就是琵琶法師。在琵琶伴奏下講述故事的眾法師，人稱「平家座頭」，納入村上源氏中院的庇護管理。補充一點：《鬼滅之刃》的十二鬼月中，有一個叫作「琵琶女」的鳴女，是個眼盲的鬼。她是鬼之魁首鬼舞辻無慘的左右手，在無限城之戰中，能隨意操縱城的構造，為無慘爭取復原的時間。

到了室町時代，琵琶法師明石覺一編纂了可謂《平家物語》的標準本——〈覺一本〉。再來，由於他是足利出身，得到室町幕府的庇護，開設了當道座。在江戶幕府時代，核心的組合是以按摩、針灸領域、或琴和三味線等音樂領域為職業的人。

當道座的目的是提高盲人地位及生計的穩定，制度上無關世襲，只要職業上業績得到認同，盲官位就能夠一階一階往上升。因此，當道座不僅能保護盲人彼此之間的利益，同時也肩負培育年輕盲人的角色。針灸至今仍然是較多視覺障礙者從事的職業之一，是盲人、身為檢校*的杉山和一，在1680年開設了世界上第一所盲人訓練施設──「杉山流針治導引稽古所」。

盲官位有檢校、別當、勾當、座頭4個位階，再細分下去，總共有多達73個階級。最高位檢校社會地位很高，當道座最高位的惣錄檢校這個職位，享有等同萬石†階級的大名之權威及排場。著名的檢校有編撰《群書類從》的學者塙保己一。

以明治維新為分界點，盲人特權制度消失

盲官位有相當多階級，導致升官需要非常漫長的年月。有鑑於此，幕府認可用金銀進行盲官位的買賣。據說從最低位到檢校，總額需要700兩以上。

幕府許可當道座的盲人，以籌措購買盲官位資金為目的，從事叫作「座頭金」或「官金」的貸款業。由於是幕府公認，跟其他債務相比，享有徵收債務的優先權保障，利息高、期限又短、償還條件也相當嚴苛。甚至有盲人因為過度搜刮暴利，導致受到處分，除了沒收所有財產外，還被趕出江戶。補充一點：活躍於幕末的勝海舟的曾祖父也是盲人，在當道座學會針灸等技術後，靠著借款業得到的財富成為檢校。最後購買旗本

株‡，讓子孫得到「幕臣」地位。

如前述，從中世到近世的盲人，透過當道座，在制度上得到特別優惠的待遇。《鬼滅之刃》中的上弦之肆・半天狗，偽裝成盲人、利用別人的善意一再偷竊、殺人（第126話），這種個性，一定也會設法占盡那些幕府盲人保護政策的便宜吧。

到了明治時期，對盲人的制度面優遇措施更改，頒布明治4年（1871）太政官布告第568號「盲人之官職自今被廢候事」，盲人官職就此廢除。從此，盲人無需受限於當道座，可以自由選擇職業，不過，由於失去特權，盲人的社會地位變低。大正～昭和初期，曾經有一些人針對提高盲人教育及福利提出議論，當時凡事以富國強兵為優先，因而擱置。

＊ 中世、近世日本地位最高的盲官，又作「建業」。

† 幕府時代以所謂「石高」表示土地生產力，也為受薪階層俸祿沿用。俸祿滿一萬石才能成為大名，否則就是旗本或御家人，各方面待遇相差很多。

‡ 旗本這個家格。家格，簡單來說就是家族的身分、地位。

從栗花落香奈乎看遭到「人口販賣」的孩童

戰國時代有許多人將日本人賣作奴隸

鬼殺隊女隊士——栗花落香奈乎，到故事中段為止都是個缺乏感情的「失心少女」，這跟她幼年期過度殘酷的身世有關。香奈乎受到雙親無意義的虐待，一哭就會被踢飛、還被推來扯去、或是壓到水裡（第163話）。還有幾個「第二天早上已經全身冰冷的兄弟姊妹」，她最後被抓去賣掉。出現在販賣人口市場的香奈乎，全身跳蚤、骯髒不已，像狗一樣被用繩子扯著走。不過，在那裡被胡蝶香奈惠、忍兩姊妹帶走，珍視她如親生家人、撫養長大（第7卷・番外篇）。香奈乎傾慕香奈惠和忍，就像親姊姊一樣，可是香奈惠死的時候，她連眼淚都滴不下來，因為幼年時的虐待造成的創傷依舊無法抹滅。

在日本，人身買賣歷史相當久，最早的正史《日本書紀》也有記載。據說有人提出要求：「今年（676年）為凶作，希望能允許賣小孩」，但遭朝廷駁回。還有，奈良時代實施的養老律令中，規定「沒有得到小孩同意就進行販賣，處父母一百大板之刑」。人身買賣檯面上是罰則的對象，不過在平安時代後期以後，販賣人口的商人和買賣仲介人進行的買賣開始盛行。戰國時代葡萄牙船駛來，主要是九州的大名等人，為了從外國商人手中買下槍枝而把日本人賣到外國當奴隸。這正是導致之後豐臣秀吉的伴天連追放令和江戶幕府建構鎖國體制的原因之一。

到了江戶時代，由於國內治安貫徹實行，販賣人口的行為沉寂下來。不過，把貧窮農民或都市下層人民的女兒賣去當遊女，卻例外得到許可。明治5年（1872）發布了藝娼妓解放令，遊女的人身買賣受到管制，不過這項法令說不上發揮了實質效力。《鬼滅之刃》中，江戶最大規模的吉原遊郭也登場了。雖然跟江戶時代相比，規模已經縮小，依舊擁有不變的繁華。但在那背後的，是眾多被父母賣掉的女性的悲哀歷史。

從鱗瀧左近次看會抓走小孩的「天狗」

鱗瀧左近次的原型是猿田彥?!

《鬼滅之刃》中，教導主角竈門炭治郎「水之呼吸」劍術的鱗瀧左近次，總是戴著天狗面具。過去他是鬼殺隊的水柱，從第一線退下後，全神貫注在培育未來的鬼殺隊士。天狗的根源，一般認為是在《古事記》和《日本書紀》也有記載的猿田彥。

在《日本書紀》中，關於猿田彥的容貌，記載著「身高7尺（約210公分）、眼睛的大小如八咫鏡*（直徑約45公分）、鼻長7咫（約126公分）」。身形巨大、鼻子相當長，所以有人說天狗的起源是猿田彥。此外，猿田彥又被稱為「指引路途之神」。天照大神之孫瓊瓊杵為治理地上世界，從高天原前來，去迎接帶路的就是猿田彥。鱗瀧戴著天狗面具，扮演培養下一代鬼殺隊士，或許就是以「指引路途」的猿田彥為原型。天狗是一種棲息於深山的想像生物，一般被認為裝扮成山伏、臉紅鼻高、有翅膀、浮遊在空中。「天狗」在中國代表傳達凶兆的流星，是從天上把災禍降臨到地上的凶星，人人懼怕。

在日本最早出現的紀錄是《日本書紀》，據說637年，巨大的星星發出巨響，劃過京城的天空，大家議論紛紛之際，歸國的遣唐僧——旻——說：「那是天狗」。這種天狗星掉落地上，被認為是不吉之兆，自此之後，天狗開始被傳為從天而降的存在。不過，之後並沒有（再）出現把流星當作天狗的紀錄。

在日本，山被視為「神住的地方」，是神聖而令人敬畏的對象。在那種地方閉關修行的山岳信仰叫作修驗道，實踐者叫作修驗者或山伏。他們為了得到一般人沒有的超人力量，在山中成就踩火或瀑布修行等嚴苛的苦行。這一切行為都是為了拯救世間，不過，在杳無人跡的山中悄悄進行，不明就裡的人應該會毛骨悚然。而看到結束嚴苛修行、從山上下來的山伏，應該會認為「天狗從山上下來了」吧。這些經驗口耳相傳，最後天狗傳說就這樣傳開了。

＊ 日本三種神器之一，象徵天皇的智慧。

小孩會憑空消失的「天狗擄人」

《平家物語》中，把天狗敘述成「似人非人、似鳥非鳥、似犬又非犬。手足為人、頭為犬、左右有翅膀、四處飛走者」。還有「生性傲慢，無法完全成為守護佛法者或賢者、但也無法完全變成壞人的滑稽存在」。這也是天狗會被傳為容易親近的理由之一。

一般認為，無法悟道的人才會淪為天狗道，生前心善者會成為善天狗，暗中協助修行僧、或是保護那些為了參拜經過危險路途的人。不過，惡天狗就會阻礙修行僧、或是利用幻術或附身能力做壞事。江戶時代把小孩失蹤的原因歸於天狗，又叫「天狗擄人」。

協助國學者平田篤胤執筆《仙境異聞》的寅吉，說他被常陸國岩間山十三天狗首領杉山僧正帶走，跟天狗一起生活。《仙境異聞》中關於天狗的相貌，寫道：「天狗的年齡從200歲到1000歲。偶爾也有3000歲的。羽團扇在飛到天空、降落時會用到，驅趕妖魔撲殺惡獸惡鳥時也會用到。外表跟山伏差不多」。同書還有關於天狗飲食的記述：「魚、鳥就是滷或烤來吃，不吃四足獸。喜歡田螺、麻糬、橘子、葡萄，也會吃草莓、桑椹、梅子、桑葉葡萄，柿子、橡實也吃」。另外，江戶幕府御廣敷番頭*稻田喜藏記錄的《壺蘆圃雜記》也有關於天狗飲食的記述，「松葉、竹葉、猴子的小孩、魚肉、五穀不食、不使用金錢」。

神域四郎兵衛正清因為跟天狗往來而在江戶聞名，這本《壺蘆圃雜記》，是根據他所述整理而成的。關於天狗的風貌，寫著：「蓄髮及肩、眼珠是黑的，四周是黃色，眼眶也是黑的。深山有如綿之物，衣服就把那種植物織來穿。（中略）天狗之間不會爭奪，所以他們不會學習殺人招式，不過會學不敗之術，所以不管人拿什麼樣的武器來挑戰，天狗絕對不會被打敗」。《鬼滅之刃》的鱗瀧左近次只是戴著面具，並不是天狗，不過以培育未來的鬼殺隊士這個角度來看，可謂「善天狗」。

＊ 江戶幕府主要負責檢查出入後宮的人、物的官。

從嘴平伊之助看五千個「棄兒」

養育孤苦無依孩子們的悲鳴嶼行冥

竈門炭治郎的同期劍士——嘴平伊之助，是被山豬養大的「棄兒」（第10卷・番外篇）。跟伊之助一樣，被野生動物養大的「棄兒」，少見但偶爾存在。例如，有從3歲到8歲都跟著狗群一起生活的少女，用四隻腳行動，也幾乎不會說人話。不過，伊之助曾經有一段時間受一位老人和他的孫子照顧，詞彙還算相當豐富。

到江戶時代為止，丟棄嬰兒的行為並不特別稀奇。平安時代的《日本靈異記》，就有一心穿梭在男人間的母親，對孩子棄之不顧、不給孩子授乳、讓孩子餓死的故事。

棄兒成為取締對象，始於頒布「生類憐憫令」的5代將軍德川綱吉的時代。棄兒的原因有多產多死及生活困苦等。以前幼兒死亡率高於現在、幼兒人權相對受到輕視，對棄兒的排斥感似乎比現在薄弱。同時，收留棄兒、視之如己出、扶養長大的人也並不少見，也有些父母抱著讓孩子「逆轉人生」的心態，把小孩丟在有錢人家門前、或是寺院境內。

此外，以前有「棄兒長得壯」的傳統說法，當小孩出生於父母的厄年*、或是生出體質孱弱的小孩，有「形式上丟棄一次，馬上撿回來，就會健康成長」的迷信。豐臣秀吉就相信這個迷信，把自己剛生出來的小孩取名為「捨」†。即使到了明治時代，棄兒每年大約有5000人以上，到了大正、昭和，隨著時代更迭逐漸減少。昭和初期大約是600～7000人、昭和50年代則減少為200～300人左右。

另一方面，孤兒院（兒童養護施設）陸續設置，養育沒有家人的小孩。由於資本主義，明治的日本發展急速，社會福利制度卻追不上，貧困居民增加，出現許多棄兒。為了改善這個狀況，孤兒院相繼設立。《鬼滅之刃》的「柱」之一——悲鳴嶼行冥，在進入鬼殺隊前，也是在寺院養育孤苦無依的孩子們（第135話）。

* 類似犯太歲，是日本人相信災禍容易降臨的年齡。以虛歲為準。基本上，男性的厄年是25歲、42歲、61歲，而女性是19歲、33歲、37歲、61歲。

† 在日文中為「丟棄」之意。

從伊黑小芭內看遭囚禁的「特殊兒童」

被關在座敷牢到12歲的伊黑小芭內

《鬼滅之刃》的舞台大正時代，是對包括精神障礙的「特殊兒童」提供教育機會及保護的時機開始成熟的時代。日本最早的盲、聾教育是設立於明治11年（1878）的京都盲啞院；大正12年（1923）公布了文部省令《公立私立盲學校及聾啞學校規程》，盲啞學校分開為盲學校和聾啞學校（之後的聾學校）。現在則統一稱呼為「特別支援學校」。

「特殊兒童」是指由於有身心障礙，教育上需要特別教育的兒童，是現在不太會使用的表現。以他們為對象的教育在2000年代之前叫作「特殊教育」，現在則統一為「特別支援教育」。

另一方面，常常可見利用自家客廳或土間*、或是院子裡的一角，設置可以軟禁有精神障礙家人用的「座敷牢」。有異於醫學發達的現代，當時障礙兒被排除在大家心目中「人類的概念」之外，他們受歧視的程度跟現今完全無法比較。像這種「監視」的實施背景，是明治到昭和中期的精神醫療方針。當時精神科病院及精神科病棟不足，因此讓精神障礙者住在自家別館等地方，進行「私宅監置」。這是在行政廳許可下執行的制度，患者的監護人或配偶者有保護義務。公家認可監禁，在近代國家是極為異質的制度。不過，金錢上和身體上的負擔都相當大，不少人最後破產，在昭和25年（1950）精神衛生法施行時，禁止了私宅監置。

《鬼滅之刃》中鬼殺隊的「柱」——伊黑小芭內，也是生下來就一直生活在座敷牢中（第188話）。認為自己出身於「污血之族」，在自責念頭驅使下達成「柱」的任務。實際上經歷過座敷牢隔離生活的孩子們，內心應該也有某些創傷。

* 日式房屋剛進門可以穿著鞋走動的空間。

專欄

到昭和時代依舊存在的「權力無法觸及地帶」

自古以來，深山被視為人類以外的神佛及鬼怪的棲身地，是不屬於這世界的淨土。而住在這種人力不及地帶中的人，也被當作鬼和天狗等。《鬼滅之刃》是大正時代的故事，當時還存在於山區居無定所、不在國家管轄之下的流浪民族。這種現象之所以會發生，是因為日本列島山區滿布大自然的恩惠。權力無法干預的地帶稱為「聖庇（asylum）」，明治之後，國家權力強化，因此有減少的趨勢，到了昭和30年代，幾乎已消失殆盡。

民俗研究學者筒井功氏繞行全國各地的「聖庇」遺跡，發現了非定居民族使用的帳篷。這就表示至少一直到半世紀多前為止，都還存在著漂泊民族的生活場所。不在國家管理之下，代表沒有戶籍，無法接受行政服務，也不必負擔稅金及徵兵義務。也就表示，他們不是「國民」。過去不在朝廷支配之下、被當成鬼的「不歸順民族」，一直到昭和前期還在。

第4章

新考察《鬼滅之刃》之謎

為何《鬼滅之刃》動漫如此轟動？

《鬼滅之刃》是大正幾年的故事？

最終選拔中「手鬼」的發言

造成《鬼滅之刃》轟動的契機，是從2019年4月開始播放的動漫。動漫播放前的2019年3月，系列累計發行數是350萬冊，而動漫播放結束的9月，激增到約1200萬部。可以想見的理由是，在播放當中的2019年5月1日，年號從平成改為令和。為什麼呢？因為《鬼滅之刃》的故事舞台背景設定在剛從明治改元為大正的時代。首先，我們先來考察一下故事開始的具體年代。

在官方入門網站，寫著「時代為大正，日本」，可知第1話就已經是大正時代。第7話出現在最終選拔場所藤襲山的「手鬼」，問竈門炭治郎「現在是明治幾年」。炭治郎回答「現在是大正時代」，「手鬼」感嘆：「年、年號、年號都不一樣了」，然後說：「畢竟抓到我的是鱗瀧啊」、「永遠忘不了四十七年前」、「那是江戶時代……慶應的時候」。大正元年（1912）的47年前是慶應元年（1865）。慶應只到4年就結束了，因此，進行最終選拔的時間點，應該是大正元年到大正4年（1915）之間。如果考慮到炭治郎在跟「手鬼」對戰時，先跟著鱗瀧左近次修煉了2年，第1話就是大正元年或大正2年（1913）、而最終選拔時是大正3年（1914）或大正4年。

第1話裡，在積雪當中，炭治郎說：「過年的時候，想讓大家吃個飽」，可以推測是農曆新年已近的2月上旬。大正元年始於7月30日，所以故事的開端，應該是大正2年、最終選拔是大正4年。《鬼滅之刃》跟2019年一樣，以剛邁入的新時代為舞台。

舞台設定於大正時代的理由

明治與平成的共通點

《鬼滅之刃》舞台設定為年號從明治改為大正的第二年，和動漫轟動的令和元年、漫畫突破8000萬部的令和2年相互連結，應該不是偶然吧，因為明治時代和平成時代有許多共通點。明治時代，持續265年的江戶幕府被明治新政府取代，這是重大的政權更迭，行政機構也全面換新。與海外各國的交流活絡，產業革命由農業主體改為輕工業、進而轉為重工業。可以說是歷經巨大動亂，既有的價值觀顛覆，迎接全新生活型態的時代。

平成也始於泡沫經濟崩壞，從高度經濟成長、持續攀升的日本經濟崩壞，原本的經濟至上主義、工作第一的價值觀也完全改觀。1990年代手機的普及、2000年代的IT革命、2010年代則是以蘋果iPhone為首的智慧型手機等普及，技術革新層出不窮，工作方式與生活型態產生巨變。

促成鬼誕生的「時代間隙」

當時代產生如此巨變，必然引發社會問題。日本過去歷史上，誕生許多「鬼」的時刻，多為這種時代與時代的間隙。就像江戶時代有江戶幕府、町人文化；明治時代有文明開化，許多人對每個時代都會抱持某種程度的既定印象。不過，2019年既是平成31年，同時也是令和元年，是非常曖昧模糊的年度；這一點，明治轉為大正的1912年也是一樣的。像這樣時代印象處於曖昧模糊的邊界之際，人們在精神上容易陷入不安定狀態，「非人」、「人智所不及的黑暗力量」，也就是「鬼」，就此誕生。

例如幕末到明治時代初期，在第2章介紹過的真實版鬼殺隊——源賴光與四天王——的浮世繪，也印製了相當數量。長期掌權的江戶時代政權，過渡到新政權之際，民眾們都在追尋平安時代的鬼故事。《鬼滅之刃》造成大轟動，可能的原因之一，是在平成推移到令和這個時代間隙中，以任何人都能免費收看的動漫形式，播放了以大正初期這個（同為）時代間隙為舞台的治鬼故事。

為何《鬼滅之刃》漫畫如此轟動？

新冠肺炎與鬼之間意外的關係

日本與疫病的歷史

前面提到，因2019年動漫播放，點燃《鬼滅之刃》人氣之火的理由，在於故事的舞台及現代雙方都處於「時代間隙」這一點。《鬼滅之刃》的爆發性人氣不止於動漫，2020年系列累計發行冊數突破8000萬冊等，進一步造成爆發性熱潮。其中一個原因，可歸於新型冠狀病毒的流行。

2020年，新冠病毒的流行席捲世界。其實自古疫病和鬼就有很深的淵源，《鬼滅之刃》也找得到許多「鬼＝疫病」之描寫。夏天高溫多濕、冬天低溫低濕的日本，屢屢發生疫病的流行。奈良時代推測應為天花的天平疫病、平安時代的麻疹、江戶時代除了梅毒外，還流行了麻疹、菌痢、象皮病和天花等。另外，幕末霍亂還流行了好幾波，據說1858年死於霍亂者高達3萬人。

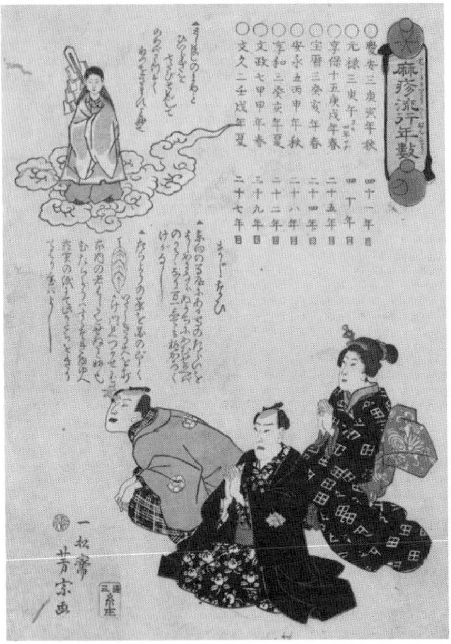

麻疹流行年數

記載麻疹流行年數的浮世繪。麻疹的流行週期是20～30年。

因此，日本的傳統活動中，關於祛除疫病的特別多。最有名的應該是2月節分的撒豆子。一般認為疫病是鬼帶來的，而節分是「分開季節的日子」，也就是在季節更迭之際驅鬼、祈禱健康。節分撒豆子的起源是宮中傳統的「追儺式」。帶來大流行的疫病，多半是從外國被帶進來的，因此也有一說，主張「鬼出去」＊代表把從外國帶進來的疫病趕到國外去。

鬼就是代表疫病的存在

有一說是：赤鬼代表罹患天花等疫病，顯現因高燒臉變紅的樣子。還有，鬼常常被描繪成令人想起死人的青白色。鬼被視為將人引向死亡的可怕存在、或是死人本身。第14話，當鬼的始祖鬼舞辻無慘被醉漢纏上的時候，醉漢說：「你幹嘛給我鐵青著臉？」「怎麼一副要死不活的樣子」，這時候，無慘激動地說：「我看起來像體弱多病嗎？」「像是活不久嗎？」「看起來快死了嗎？」這是因為無慘還是人的時候，體弱多病，大家認為他活不過20歲（第127話）。動漫版《鬼滅之刃》中出現的鬼，幾乎都臉色青白，應該是要表現「不死的存在＝死人本身」。在《鬼滅之刃》裡，疾病與鬼同樣有密切的關聯。

對新冠病毒潛在的不安，應該跟在日本精神土壤上呼吸的鬼的印象有所連結。《鬼滅之刃》爆發性的人氣，在2020年又持續加速。新冠病毒在日本最初的報導是

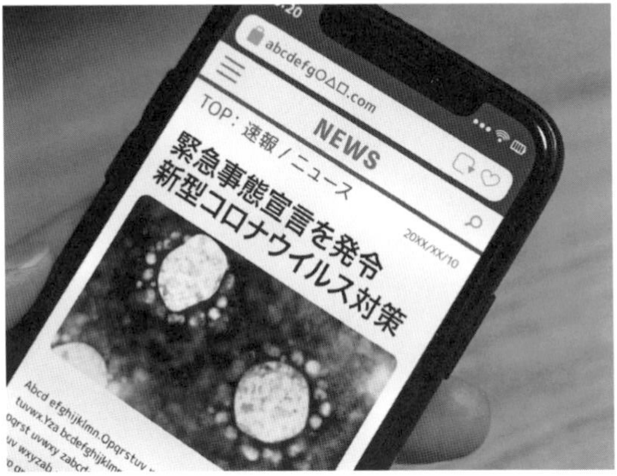

新型冠狀病毒的流行

《鬼滅之刃》系列累計冊數的增加，和新型冠狀病毒的流行時期重疊。

2019年12月31日。進入2020年後，在中國武漢的大流行、2月3日停泊在橫濱港的鑽石公主號爆發群聚感染、4月7日發布緊急事態宣言。

之後，每天關於新冠病毒的報導不斷，《鬼滅之刃》的發行冊數亦隨之增加。

＊ 日本在節分這天，要一邊撒豆子，一邊喊：「鬼出去、福進來」。

《鬼滅之刃》描繪的是一場對抗傳染病之役

由祛除轉為消滅

歷史學者磯田道史在電視節目中指出：「以前的日本人認為鬼是祛除的對象，不過，現在的鬼熱潮中，鬼轉為消滅的對象而大受歡迎，大家對鬼的看法已經產生了變化」（《所ＪＡＰＡＮ》富士電視台，２０２０年7月20日播出）。

原本「疫病＝鬼」是祛除之後還會再出現的存在，因此，每年在季節更迭之際都要撒豆子、驅鬼。不過，進入20世紀，隨著醫療、製藥技術發達，成功撲滅、封鎖了許多疫病。對於「疫病＝鬼」的意識已經產生變化，從祛除轉為能夠撲滅的對象。

現代人對疫病的潛在恐懼感是淡薄的，相較之下，遇上事故或災害等受害的可能性更高。因為成功撲滅了絕大多數的疫病，即使發現新的傳染病，許多現代人依舊會認為能夠「撲滅＝消滅」。漸漸地，「疫病＝鬼」從原本再怎麼祛除還是會出現、讓人懷抱潛在恐懼感的對象，演變為可以藉由預防接種或藥物因應、不再是令人恐懼的對象了。

在和無慘的最終決戰中使用的藥

象徵性呈現鬼與疫病關係的，就是和無慘的最終決戰。原本攻擊主體在於以日輪刀斬擊，在最終決戰中，身為鬼卻站在人那一方的醫師珠世對無慘用了藥（第197話）。這種藥具有4種效果：①恢復為人、②阻止分裂（回復）、③破壞細胞、④1分鐘老化50歲。這些令人聯想到抗生物質及抗癌藥的效果。

《新形三十六怪撰》〈為朝的武威　退痘鬼神之圖〉
描繪平安時代武將——源為朝——驅趕天花鬼神的模樣

還有，在第204話中，敘述遭無慘鬼化的炭治郎之所以能夠變回人，攝取了禰豆子的血是其中一個原因；因為炭治郎咬了從鬼順利變回人的禰豆子，而禰豆子血液中有對無慘細胞的抗體。這正可謂克服疾病後獲得的免疫力及利用其血液的血清治療吧。

面對疾病，不是向神佛祈禱自己免於受害，而是積極去擊敗它，這樣的態度，和第1～2章介紹的歷史——人類從乖乖被鬼吃掉，漸漸開始治鬼——立場一致。

新冠病毒截至2020年9月，疫苗尚未完成，目前還沒有明確有效遏止的手段。面對強力的鬼，負傷、甚至犧牲生命，鬼殺隊依舊英勇面對的態度，可說正是即使害怕新冠病毒，依舊為撲滅疫病奮力戰鬥至今的人類歷史。這種對於新冠病毒的恐懼感和對鬼殺隊的共鳴與支持，才是《鬼滅之刃》轟動的重要因素。

未解開的藤花之謎

藤實際上是有毒的

什麼都不怕的鬼，在《鬼滅之刃》中，有一個並列於太陽光的弱點，就是藤花。藤花具有強大力量能擊退鬼，第6話最終選拔的舞台——藤襲山，鬼殺隊把捉到的一些鬼野放在這裡，不過，由於從山腳到山腰終年都開著藤花，這些鬼都被囚禁在此，無法逃出這座山。此外，在無限城最終與上弦之貳・童磨的對戰中，胡蝶忍利用事先攝取致死量高達700倍的殺鬼藤毒，然後讓童磨吃掉自己，使童磨身體腐爛，栗花落香奈乎才順利砍斷他的頭（第162話）。

即使對最高階級的鬼，藤花依舊是有效果的。另外，在第202話中，栗花落香奈乎把原料來自藤花的恢復人身之藥注入鬼化的竈門炭治郎身體中，成為炭治郎從鬼恢復為人的原因之一。

藤花為何對《鬼滅之刃》的鬼有效，結果到最後1話都沒有提到，因此網路上有各種推測，像是「雖然僅有微量，但其實藤花有毒，這種花大量攝取會引起噁心或下痢等食物中毒」「同樣能滅魔，節分要撒豆子，而藤也是豆科植物」「藤是喜好直射日光的植物，所以吸收了許多能殺鬼的太陽力量」「藤的花語是體貼、歡迎、不離不棄、醉心於愛情、還有忠實，跟失去人性、行動時不群聚的鬼有相反意味」等。

日本古典文獻中並不存在鬼厭惡藤花的記述，在日本，自古以來，藤因為音同「不治」*、以及花不斷朝下開，被認為家運會衰退、不吉祥；但同時也有人認為它的蔓藤向上伸展，象徵「家運隆盛」、「延命長壽」，是吉祥的花。不過無論上述哪一個理由，都很難稱得上決定性的理由，該謎團並沒有解開。

---

* 兩者都念作「FUJI」。

「藤」其實是鬼之天敵的家紋

鬼的天敵藤原氏的家紋

那麼為何《鬼滅之刃》將藤花設定為鬼的弱點呢？值得注意的是，第27話出現的藤花家紋大大畫在門上的宅邸。這裡解說道：「有藤花家紋的房子是承蒙獵鬼人救命之恩的一族，聽說只要是獵鬼人，他們就會免費盡心照顧。」也就是鬼殺隊的支持者。

藤的家紋，是像齋藤或佐藤等，帶有「藤」字家系常用的家紋。源流來自645年乙巳之變核心人物——中臣鎌足——獲下賜「藤原」姓。藤的家紋有各種版本，卻沒有跟作品中一致的，硬要說的話，比較接近「上散藤」稍微旋轉一個角度後的樣子。

藤花
日本古典文獻中並沒有鬼厭惡藤花的記述。

《和漢百物語》〈貞信公〉

貞信公是指10世紀的公家——藤原忠平，他打退了侵入宮中的鬼。

提到治鬼，可能大家印象中會想到源賴光或賴政等源氏一族，其實藤原氏一族跟鬼的因緣相當深。降伏了4隻鬼當部下的藤原千方、消滅鬼神巖嶽丸的藤原資家、擊退侵入宮中之鬼的藤原忠平、消滅大百足及百目鬼的藤原秀鄉、跟賴光及四天王一起大戰酒吞童子的藤原保昌等，藤原氏完全堪稱鬼的天敵。也或許因此，才設定藤原氏家紋的藤為鬼的弱點。

將藤的家紋畫在門上的理由

《鬼滅之刃》中有藤的家紋之家，將鬼殺隊支持者的標記——藤花——的家紋大大畫在門上。正常想來，會成為鬼的最佳攻擊標的，但似乎是多慮了，竈門炭治郎等人在這裡得到專心療養的機會。日本自古就有同樣的風俗，就是寫著「蘇民將來之子孫也」的護身符。古時候，防疫之神須佐之男旅途中求一夜之宿，富有的弟弟巨旦將來拒絕了，而貧窮的哥哥蘇民將來則厚情款待。須佐之男賜給他茅草圈答謝一宿之恩，要他們當作蘇民將來子孫的證明。據說就是因為這個典故，後來大家會將寫有「蘇民將來之子孫也」的除疫病護身符貼在門上、或是帶在身上，如此，疫病就不會近身。

藤的家紋之家，也可以推測採取了一些使用藤花毒的防禦對策，不過，或許也可以說，在門上顯示象徵鬼的天敵藤原氏之家紋，對鬼而言也是一種威脅。

「蘇民將來之子孫也」
人們信仰將其裝飾在玄關、或是將護身符帶在身上，可以除疫病。

青色彼岸花究竟在哪裡？

未解開的「青色彼岸花」之謎

「青色彼岸花」在雲取山嗎？

《鬼滅之刃》中，與藤花同樣重要的花就是「青色彼岸花」。而跟鬼舞辻無慘殺盡率領鬼殺隊的產屋敷一族同等重要的目的，就是尋找「青色彼岸花」（第98話）。無慘想要「青色彼岸花」的理由出現在第127話。超過1000年前，還是人的無慘身體孱弱，被診斷為無法活到20歲。醫師試圖設法救無慘，於是給他服用以「青色彼岸花」為原料的藥，因此，無慘得到強韌的身體，同時卻有了懼怕太陽光的弱點，白天無法行動。

「青色彼岸花」是鬼化的契機。完結篇第205話中，嘴平伊之助轉生的植物學者嘴平青葉發現了「青色彼岸花」，研究結果得知這是一種1年中只有2～3天白天開的花。只能在夜間活動的無慘和其他的鬼，找了1000年也沒找到的理由，終於真相大白。

那麼在竈門炭治郎奮戰的大正時代，「青色彼岸花」在哪裡？一般認為有力的說法，是在竈門家所在地雲取山的野生植物。證據是，第39話炭治郎與下弦之伍・累對戰時，他看到的走馬燈中出現了彼岸花。不過動漫版中沒有出現彼岸花的部分。

如果「青色彼岸花」在雲取山，就可以說明無慘主動襲擊竈門家的動機。可以推測，偽裝成人住在城市的無慘，之所以跑到雲取山這種深山，是因為得到「青色彼岸花」野生的資訊。此外，竈門家是過去對無慘窮追不捨的繼國緣壹託付「火之神神樂」的一族，也可推測他同時也將「青色彼岸花」託付給他們。正如第205話主角們轉生到現代，《鬼滅之刃》中「轉生」是個重要的元素。也可能繼國緣壹相信「火之神神樂」傳承者——竈門一族——的子孫能夠轉生，所以設此陷阱，吸引無慘接近。

「青色彼岸花」在和歌山縣熊野

有「雲取」地名的近畿地方聖地

投藥給無慘的醫生，是在哪裡入手「青色彼岸花」的呢？無慘的背景是公家出身，生於約1000年前的平安時代。考慮到這一點，他很可能出生在京都。如果「青色彼岸花」的野生範圍在雲取山，那麼特意跑到關東去採花的可能性極低。

其實，在近畿地方也有叫作「雲取」的地方，就是位於熊野古道的大雲取、小雲取。雲取山的名字是「高聳入雲能取雲」的意思，有一說是此山名源自熊野大雲取，雲取山一帶還有許多名稱取自熊野古道，似乎足以佐證此一觀點。

熊野古道是通往被稱作熊野三山的三個聖地之路徑，三山各自意味著過去、現世、來世，人稱「黃泉歸來之地」。熊野被視為死後國度、淨土，造訪此地再回來，意味著「死與重生」，因此，在末法時代（世界末日）思想擴散的平安時代，有許多皇族、公家前往參拜。會經過大雲取、小雲取的路徑，通往熊野三山之一——那智山。而那智山有一座寺名讓人聯想到「青色彼岸花」的青岸渡寺。從這些事蹟來看，投藥給無慘的醫生入手「青色彼岸花」的地點是熊野之地的可能性相當高。

青岸渡寺（近鏡頭側）與那智瀑布（後方）
一般相信參拜可保長壽的那智瀑布，附近有一座寺，名字會令人聯想到「青色彼岸花」。

另外補充一點，熊野出身的偉人、植物學家南方熊楠，常住熊野山中採集植物。據傳他生性容易激動。第205話登場的嘴平伊之助轉生者青葉，也是植物學者、希望不是在研究所而是山裡過日子，還有，轉生前的伊之助也生性容易激動等，他們之間存在這些共同點。

竈門家位處的雲取山，跟熊野有很深的緣分，可能顯示雲取山曾經有過「青色彼岸花」。

為何《鬼滅之刃》眾鬼有著異形之目？

證明是鬼，不是取決於角，而是異形之目

《鬼滅之刃》的鬼（頭上）沒長角

判別是人是鬼最明顯的特徵，應該就是角了。這只是因為鬼出入的方位——東北，是「丑寅」的方位，所以一般認為長相是長著牛角、穿著虎紋褲，因此，角並不是鬼的必備條件。

《鬼滅之刃》中出現的鬼，長角的並不多，只有一部分的鬼有角，例如最終選拔第一個出現的鬼（第6話）、沼鬼（第10話）、鼓屋敷的鬼（第22話）、上弦之肆・半天

狗（第98話）等。那麼，鬼跟人不同之處在哪裡？《鬼滅之刃》中，大部分的鬼都描繪成眼睛有特徵。

鬼的上層階級十二鬼月，「上弦」的「壹」到「陸」，「下弦」的「壹」到「陸」，共12個等級標記在眼睛裡。有無數眼睛的上弦之壹・黑死牟（第98話）、應該是雙眼的位置變成嘴巴的上弦之伍・玉壺（第98話）、獨眼的新上弦之肆・鳴女（第164話）、雙掌長了眼睛的矢琶羽（第15話）等，擁有特異眼睛的鬼很多，而看動漫版會發現，這些鬼的眼睛分別有紅、黃、四色等，有些鬼眼睛顏色特殊。再來，第195話中，禰豆子用了變回人的藥之後，只有右眼變回人眼。《鬼滅之刃》中，鬼的象徵取決於眼睛。

《新形三十六怪撰》〈貞信公夜宮中怪懼圖〉
鬼有多種特徵，不過最令人印象深刻的是頭上長角。

眼睛是區別人鬼的象徵

晝行性的人與夜行性的鬼

那麼，為什麼《鬼滅之刃》要把鬼和人的差異設定在「眼睛」呢？理由可以從鬼是完全夜行性的存在、曬到日光就會死這一點來考察。人的生理時鐘受太陽週期影響，人類是晝行性動物。

哺乳類中晝行性動物很少，唯一眼睛進化的晝行性哺乳類動物是靈長類。哺乳類的祖先原本是夜行性，有一說是靈長類的祖先約於5200萬年前轉為晝行性。相對於夜行性哺乳類進化的是聽覺及嗅覺，晝行性的人類則視覺更趨發達。視覺是五感中唯一人類在哺乳類中能力特別突出的感官。描繪人鬼的差別時，《鬼滅之刃》中象徵性地描繪眼睛，或許是想表現出晝行性的人類是重視視覺的生物。第152話中，炭治郎對「通透世界」的能力開了眼，得到對方是透明的、看起來像慢動作的特殊視力。另外在162話，粟花落香奈乎使出花之呼吸・終之型——彼岸朱眼，將動態視力發揮到極限，可說是象徵性的故事，顯示人類的強項在於視力。

眼睛顯示了《鬼滅之刃》中鬼具備的異能

科學上我們很難想像《鬼滅之刃》中出現的鬼擁有的是一般的視力。甚至應該說，他們用擁有遠超過一般視覺的超感覺，更為貼切。《鬼滅之刃》的鬼是以異於人類的感覺來認知空間，這段描寫，出現在第16話對朱紗丸、矢琶羽之戰。朱紗丸丟出的鞠球，矢琶羽能自由自在操控、攻擊炭治郎等人，而炭治郎無法預測鞠球軌道，陷入苦戰。

此時，身為鬼的愈史郎說：「看箭頭就會知道方向了」、「把我的視力借給你」，然後射出護符、固定在炭治郎額頭上，炭治郎就看得到顯示鞠球軌道的「箭頭」了，由此可知，鬼擁有異於一般視覺的「超視覺」。擁有特異眼睛，是為了表示鬼擁有異於人類的異能。

為何鬼現身於人多的場所？

鬼現身於日本首屈一指花街——淺草吉原的理由

被稱為「惡所」的遊里和芝居町

提到鬼出現的場所，一般會聯想到深山野外，而《鬼滅之刃》中，鬼也會出現在人多的都市區域。代表性的是鬼舞辻無慘最初出現的淺草（第13話）跟第71話開始的遊郭篇的舞台吉原。可以推測的理由有3個。

第一，淺草和吉原是所謂的「惡所」。現在「惡所」這個詞已經不太使用了，它在江戶時代是指遊里*和芝居町†。

大正時代的淺草是日本屈指可數的歡樂街。除了現代依然有許多觀光客造訪的人氣景點——淺草寺跟仲見世通之外，當時還有高52公尺、12層樓的商業設施凌雲閣（1890年竣工）等。彼時特別繁榮的是「淺草六區」。現在也還留有「淺草六區通」和「搖滾座」，可窺得當年風貌，以日本最早的遊樂園——淺草花屋敷（1853年開幕）為首，還有活動寫真（類似電影）、見世物小屋‡、劇場等，娛樂設施林立。

大正時代的「淺草六區」

淺草公園六區，活動寫真和見世物小屋林立，當時是日本屈指可數的歡樂街。

活動寫真是大正時代成為一大潮流的娛樂，在淺草六區有電氣館、帝國館、大勝館、三友館等活動寫真的常設館。第13話有炭治郎向無慘搭話的場面，背景畫了一個「大友館」的招牌，大概是組合了大勝館和三友館的名字吧。如此看來，雙方第一次見面的場所是淺草

* 花街。
† 江戶時代劇場和相關工作者居住的地方，例如江戶的木挽町、堺町、淺草猿若町、京都的四条、大阪的道頓堀等。
‡ 觀賞怪人異獸、稀奇技藝等怪奇秀（freak show）的地方。

六區。

現在演藝人員是令人稱羨的存在，不過，在日本歷史上，演藝人員曾經是「遭歧視民眾」，演員等有人會自嘲自稱為「河原乞食」*，演員一直以來被視為在社會上身分較低的人。

在淺草，有許多街頭表演等常設場所，受到大眾喜好，不過不事生產的演藝相關從事者的身分還是低下的。之所以稱芝居町為「惡所」，是因為在江戶時代身分制度下，演藝工作從事者被歸為接近「非人」的存在、受到歧視。淺草可說是個正好適合鬼出現的場所。

權力不及的「苦界」

和芝居町同樣被稱為「惡所」的吉原，是江戶幕府在江戶唯一公認的遊郭。江戶時代初期，由於存在相當多無照進行賣春營業的岡場所†，於1618年將這些私娼集於一處，允許他們在日本橋人形町一帶營業。

之後，由於1657年的明曆大火，江戶街道進行大規模的都市改造，地點搬遷到淺草寺後面。遊郭是幕府及大名的權力管轄不及的公界‡，會在吉原唯一出入口的大門發行通行證，是個儼然治外法權獨立都市的區域。

「公界」又作「苦界」§，在大門口進行嚴格的監視控管，遊女不能出到大門外的世界。妓樓分為大見世、中見世、小見世，其下還有廉價的河岸見世。

《新形三十六怪撰》〈地獄太夫悟道圖〉
室町時代的遊女，將遊郭表現為「浮世邊境（生前和死後世界的分界線）」。

第96話中，敘述墮姬和妓夫太郎生長的是「羅生門河岸」。最下層的妓樓叫作切見世，由於去了就會有很大的機率染上性病，又被稱為「鐵砲¶見世」。96話中，敘述墮姬還是人的時候名叫「梅」，是因為母親死於梅毒，才被取了這個名字。

* 河邊的乞丐。
† 非公認遊郭的總稱。
‡ 有幾種定義，此處指遊女的世界。
§ 兩者皆念作「KUGAI」。
¶ 槍。

《吉原遊郭娼家之圖》
描繪吉原妓樓內部的圖。遊女有固定階級、待遇上也有明確的差距。

吉原完全是個階級社會，遊女有明確的階級區分，墮姬是最高階級的花魁。哥哥妓夫太郎名字裡的妓夫也是遊郭的一種職業，負責招攬客人和收款，可說兄妹各代表了遊郭的表裏兩面。

吉原成為《鬼滅之刃》舞台有幾個理由。首先，它是跟一般社會切割開來的公界，然後是鬼出現的河川這一側的河岸見世，還有遊女被視為接近「非人」社會的、身分低的存在等。由上述理由，應該不難理解吉原正是與一般人類社會隔絕的、堪稱鬼之地盤的場所吧。

淺草和吉原是帝都——東京——的鬼門

都市地區鬼出現的地點

在山林地區大規模進行土地開發之前，山與村落之間有明確的區分。對於大眾居住的村落，山被視為眾神和鬼棲息之地，為人所敬畏。第1話中，到村子裡賣炭的竈門炭治郎傍晚要回山上的家，這時，村裡居民勸他「太危險了，別現在回去」「會出現鬼喔」，明確表達了山是鬼的地盤。鬼出現的場所多為這種邊界地帶。

這一點不僅限於山林和村落。在都市地區同樣鬼是出現在邊界地帶，也就是河川、橋、門等。賴光四天王之一渡邊綱斬斷鬼手的一条戻橋或羅生門（羅城門）等，可說是京城代表性的鬼出現地點。

一条戻橋或羅生門相當於平安京的邊界。位在誕生於明治22年（1889）東京市東北端的即是淺草區。到吉原為止是東京市，南千住是北豐島郡。同時它也是東京主要河川隅田川通過的地方。吉原和淺草所在之舊淺草區，是鬼出現的東京市之「邊界」，是一個條件符合鬼出現地點的場所。

橋的建設打開了鬼的通道

前面敘述了鬼會出現在「邊界」這一點，那麼在圍住東京市的一整圈邊界中，為何鬼是出現在淺草和吉原呢？那是基於第三個理由「鬼門」。鬼門被視為鬼出入的方位，自古以來就有各種禁忌。淺草區是帝都東京東北端的區，相當於鬼門。

此外，決定性的是，《鬼滅之刃》故事舞台大正3年（1914），淺草區東北端附近架了一座白鬚橋。橋是鬼的出現地點，在鬼門方向架橋，結果讓鬼更容易侵入。如前所述，兼備「惡所」「邊界」「鬼門」三個要素的淺草和吉原，可說正適合作為《鬼滅之刃》鬼的出現場所。

鬼現身於蒸汽火車的理由

交通工具是怪異現象頻發的場所

橋或門會成為鬼出現的地點，不是只有「邊界」這個理由。例如羅生門內，既不是平安京內側也不是外側，也就是「哪裡都不是」的場所，像這種空間上無法區別的場所，一般認為可以通往異界。現在，代表性鬧鬼地點很多都是隧道，也是因為隧道位於入口和出口之間，是一個既非A地點也非B地點的、不屬於任何一端的場所。

《鬼滅之刃》中也有描寫這種發生在空間上「哪裡都不是」場所的戰鬥，那就是始於第53話的《無限列車篇》。炎柱・煉獄杏壽郎和竈門炭治郎等人以蒸汽火車為舞台，與下弦之壹・魘夢及上弦之參・猗窩座展開生死鬥，這在《鬼滅之刃》中也是特別受到喜愛的故事。

補充一個與本節主題沒有直接關聯的資訊，日本最早的鐵路鋪設於明治5年（1872）。之後，鐵路持續大量鋪設，到了明治38年（1905）已經達到總和約長達7700公里。《鬼滅之刃》舞台大正時代初期，是全國蒸汽火車普及的時代。然而，從A車站到B車站用前所未有的高速移動的列車，在移動途中，對不習慣搭乘列車的人而言，抵達下一站B站前，也是處於「哪裡也不是」的空間。事實上，不限於列車，發生在交通工具上的怪談自古就有，流傳許多轎子、人力車載到妖魔的故事。這些怪談連結到現在汽車或計程車後座坐了幽靈的怪談。

列車的怪談現在依舊不斷誕生新故事，像是2004年投稿到BBS的「鬼如月站」都市傳說。從遠州鐵道新濱松站上車的人，在網路上貼文表示車一直不停，最後終於抵達的車站是叫作「鬼如月」的、實際上並不存在的無人車站。列車可說是通往異界的交通工具、適合鬼出沒的場所吧。

無限列車的參考模型8620
（青梅鐵道公園）

《鬼滅之刃》與出雲神話的共通點

「柱」這個稱號是超越人力存在的證據

鬼殺隊最高階級是稱為「柱」的9名戰士（第45話）。「柱」的編制是9名，成為柱的條件是「打倒鬼的最上階級十二鬼月」或「打倒50隻鬼」。「柱」依各自呼吸的流派，有水柱、炎柱這些稱呼。

在日本，神的數量不是1位、2位，而是1柱、2柱。「柱」的漢字組成是「木」＋「主（燭台上靜止的火）」，意味著「不動之木」。在日本，一般認為有神宿於樹木，有神木等樹木信仰，所以用「柱」來數。鬼殺隊或許是因為「超越人力的存在＝接近神的存在」，所以用了這個稱號。不過日本的眾神，原本就不是只帶來幸福的存在，有時會用兇暴的力量帶來災害，在《古事記》和《日本書紀》中，也記載了許多神與神之間的戰鬥。或許《鬼滅之刃》是藉由使用「柱」這個稱呼，來象徵性地表現「神（非人）」與「鬼（非人）」這個構圖。

9名「柱」與有9根柱的出雲大社

還有一個值得注目的是「柱」的編制為9名這一點。這是因為「柱」這個漢字有9劃（官方粉絲書）。9這個數字還有一個隱藏的涵義，就是鬼殺隊代代當主姓氏為產屋敷這一點。支撐「屋敷」*的正是「柱」。在日本存在9根柱的建築樣式。出雲大社的建築樣式——神社建築，是9根柱子以「田」字分布，將神殿支撐在高於地面的位置，也有人說神社建築是以彌生時代高床式住居為基礎的最古建築樣式。

出雲眾神中守護神式的存在，是跟太陽神「天照大神」同等的最高神——高皇產靈尊（TAKAMIMUSUHI）†。所謂「MUSUHI」是神道中生出萬物的力量，寫作「產靈」。《日本書紀》中記述TAKAMIMUSUHI指示建設出雲大社，產屋敷的「產」字有可能源於此。還有，日本古典文獻中關於最初之鬼的記述是《出雲風土記》中阿用鄉的獨眼鬼。而《鬼滅之刃》中的最初之鬼是鬼舞辻無慘。

整理以上資訊，「產屋敷」＝「TAKAMIMUSUHI（產靈）所建之屋敷（出雲大社）」、「9位柱」＝「支撐出雲大社的9根柱子」、「最初的鬼——鬼舞辻無慘」＝「日本古典文獻中最初的鬼——阿用鄉的獨眼鬼」，完全一致。另外，祭祀於出雲大社的大國主也是醫療、醫藥之神，其祖先須佐之男則是防疫神，這也符合前述《鬼滅之刃》與疫病之關聯性。產屋敷與「柱」這個名稱，或許也可以看作象徵性代表出雲神話。

出雲大社模型

在島根縣立古代出雲歷史博物館的鎌倉時代想像模型。由9根柱子支撐著本殿。

＊ 宅邸。

† 在《日本書紀》中為高皇產靈尊；《古事記》則記作高御產巢日神。

為何能力者會有斑紋？

斑紋是鬼化前的現象

實際存在的增強身體能力呼吸法

《鬼滅之刃》中鬼殺隊使用的招式名為「〇〇之呼吸」。這是藉由「全集中呼吸」，將大量氧氣帶進血液中、加速心跳、提高體溫，讓身體能力猛然大幅提升的一種技術。

雖然沒有《鬼滅之刃》全集中之呼吸威力那麼大，不過，藉由呼吸暫時提高身體能力是有可能的。有名的是空手道的逆腹式呼吸法「息吹」。一般來說，吸氣時腹部會膨脹，吐氣時會縮進去，相反地，息吹是在吸氣時收縮腹部、吐氣時讓腹部鼓起。在「息吹」時，要將空氣完全吐盡。在激烈運動後，呼吸會紊亂，就用這種「息吹」將空氣完全吐盡後再吸氣，如此一來，能供給的氧氣量會增加，能夠馬上穩住呼吸。一般認為，意識這種「息吹」會有肌肉強化、減輕疲勞的效果。

氧氣擔任燃燒脂肪、糖分、產生能源的角色。運動跟身體能力及呼吸關係密切。即使身體很小，也能具備對抗鬼的力量，考量「呼吸」可說是非常合理的設定。

出現通往死亡的斑紋

藉由全集中呼吸，在心跳異常快速、體溫異常高的情況下，身體會出現獨特的斑紋（第129話）。出現斑紋的人，稱為「開啟斑紋者」，出現條件是心搏200以上、體溫39度以上。當斑紋出現，不但身體能力會驚人增長、傷勢也會以超越平常的速度痊癒。第128話中有400年前「幾乎把鬼舞辻無慘逼上絕路的那批起始呼吸劍士」、「他們每個人身上都出現了類似鬼紋的斑紋」。不過，也由於獲得異常強大的身體能力、反作用力也大，據傳除了一部分例外，大多數的人都會在25歲前死亡。

作品沒有提到為什麼會出現斑紋，第128話中形容「有如鬼紋的斑紋」或許跟鬼有什麼關係性。《鬼滅之刃》的鬼中，上弦之陸．墮姬和妓夫太郎及下弦的許多鬼，在臉上都有刺青般的紋路，不過，上弦之參．猗窩座的紋路實際上是刺青。

斑紋的真相是「死斑」

其實在法醫學領域也使用「鬼」這個字。是指死後、人體腐敗、白骨化過程中顏色變化的用語，有腐敗帶來的青鬼現象；腐敗氣體帶來的膨脹、巨大化導致的赤鬼現象；乾燥狀態的黑鬼現象，以及白骨化的白鬼現象，這些稱為晚期屍體現象。發生在這之前的，有早期屍體現象——「死斑」。所謂的死斑是死後血液聚集在底部而出現的斑紋，有紅色、褐色、暗綠褐色等。

鬼雖然是超越死的存在，但同時，相反地，也可以說是已經死亡的存在。出現在鬼身上的斑紋或許表現的是這種死斑。斑紋也可能代表通往死的徵兆、未進入鬼化（晚期屍體現象）的前一階段（早期屍體現象）。換句話說，斑紋也可說是人已極度接近鬼的象徵。

「火之神神樂」的原型是最古的舞蹈

在高千穗流傳的「火之神神樂」原型

竈門炭治郎最後讓鬼舞辻無慘痛苦的招數是「火之神神樂」。共有12型，不停反覆這12型，就會變成第13種型。炭治郎不停反覆使出「火之神神樂」到黎明，將無慘逼得走投無路。

「火之神神樂」的基礎是過去追殺無慘的繼國緣壹使用的「日之呼吸」。緣壹在炭治郎的祖先竈門炭吉面前披露「日之呼吸」的型，之後竈門一族就將這個「日之呼吸」

當作「火之神神樂」繼承下來。「火之神神樂」的傳承並非作為武術，而是新年之始在山頂舉行，藉由徹夜反覆奉納舞蹈，祈求終年無病息災的例行活動。

神樂的起源可以追溯到眾神的時代。《古事記》及《日本書紀》中，太陽神——天照大神——躲進岩戶，世界陷入黑暗，發生各種災禍。眾神商討之下，為了讓天照大神打開岩戶，在岩戶前舉辦祭典。此時天鈿女命（天宇受賣命）跳的舞就是神樂的起源。後來，岩戶打開，世界重見光明。之後，據傳天鈿女命降臨地上世界，住在宮崎縣高千穗。

高千穗有天岩戶神社，會舉行源自天鈿女命等舞蹈的天岩戶神樂。天岩戶神樂由33曲神樂構成，會徹夜進行，全部結束總共要花上長達16小時，彷彿「火之神神樂」的擴大規模版本。

「火之神神樂」有12種型的理由

神樂的起源跟太陽神——天照大神——有關，而且原型是「日之呼吸」，從這兩點看來，很自然會認為ヒノカミ（HINOKAMI）是「日之神」。不過，主角的姓是「竈門家」，也就代表是跟火有關的一族，也可以想成「火*之神」。在炭治郎回憶中，關於HINOKAMI神樂，母親說「我們家從事跟火有關的工作，所以一年的開始要對『ヒノカミ（HINOKAMI）』獻舞祈禱喔」。這裡說的「ヒノカミ（HINOKAMI）」應該是「火之神」吧。可以推測或許ヒノカミ（HINOKAMI）原本是「日之神」，後來置換成跟竈門一族生計「製炭」有關的「火之神」，也有可能因此原本是「日之神」，後來改成片假名。

相對於其他呼吸都差不多是5個型左右，「火之神神樂」則有多達12個型。為什麼有12個型呢？有力之說是：「HINOKAMI神樂」據傳「反覆12個型能夠成為一個圓環，就能達成第13個型」，配合時鐘的12進法。「HINOKAMI神樂」會從日落到日出的「時間」之間、反覆持續跳舞，配合時間單位的12進制才自然。還有傳統神樂中、基本上演奏12曲神樂的十二座神樂、以及被認為普及到全國的出雲流神樂源流的佐陀神能也是進行12番。也可以推測或許由於這些理由，選擇了設定「HINOKAMI神樂」較常見的12個型。

* 日語中「日」和「火」都讀作「ヒ（HI）」。

我妻善逸和獪岳的參考人物是誰？

救人的雷神賜子和害人的雷童子

擊退鬼的雷神賜子

單行本第3卷「大正小道消息」中、關於我妻善逸從黑髮變成金髮的來龍去脈，作者解說是因為修行中躲在樹上的時候被雷打到。其實在《日本靈異記》留下了相似的故事。

在現在名古屋一帶，有雷落在一名農夫眼前，出現雷童。雷童答應農夫「賜你一個像雷神一樣強的孩子」。雷神賜的孩子成為元興寺的稚兒*，每晚都有鬼讓稚兒死於非命，據說雷神賜的孩子成功將鬼擊退。

雷神其實未必站在人的這一邊。有名的是平安時代的公家——菅原道真。他一度升官到右大臣，卻遭陰謀陷害，左遷至九州大宰府。沒有機會復歸，就死在大宰府的道真，死後成為雷神，京都人人害怕。跟善逸同樣使用「雷之呼吸」、變成鬼的師兄新上弦之陸・獪岳，在第145話中，關於善惡，宣稱「正確評價我、認同我者為『善』」、「對我評價低、不認同我者為『惡』」。這段發言會令人聯想到沒有得到公正評價、死後變成雷神的道真。獪岳的原型，或許是沒有得到公正評價、抑鬱而終、成為雷神的菅原道真。

《皇國二十四功》〈贈正一位菅原道真公〉
無端受讒言所害、遭到左遷的菅原道真化作雷神，京都人人驚恐。

＊ 平安時代寺廟院中帶髮修行的少年修行僧。

專欄

炭治郎剖開之巨石的參考原型——一刀石

一刀石
據說在奈良縣奈良市柳生町的這顆巨石，是柳生石舟齋用刀劈開的。

竈門炭治郎為了加入鬼殺隊而跟著鱗瀧左近次修行，那時被指派的最終任務是斬斷比自己還高的巨大岩石。炭治郎最後在喪命於最終選拔的師兄姊・錆兔及真菰的靈魂指導之下，精采成功將巨石劈成兩半（第5話）。

該巨石可能的原型，是奈良縣的一刀石。這顆岩石，傳說是在劍術大師柳生石舟齋修行中與天狗比武時，一刀斬下天狗後，留下劈成兩半的巨石。炭治郎也是在和錆兔的劍術比賽中，將錆兔的狐狸面具劈成兩半，等他回過神來，兩人已消失，而巨石已被劈開。大家應該可以看出這段情節酷似一刀石的軼事吧。

第5章

鬼是什麼？

鬼有五類

象徵「神靈」的鬼

鬼原本就沒有明確的形體

《鬼滅之刃》的鬼，在設定鬼的個性、形象時，應該參考了各種日本古典文獻、從中得到靈感。在日本相當長的鬼歷史中，鬼有過各種定義、也隨著時代不斷變化至今。在此向各位介紹日本的「鬼」究竟是什麼。

現代人聽到「鬼」，浮現的印象是長著角、手持金棒、會攻擊人的恐怖妖怪。不過，在過去，「鬼」的涵義更廣。原本鬼這個漢字在中國是指死者的靈魂，日本在古時候對鬼的認知，也是祖先的靈魂等。但即使如此，並不是認為祖先外貌會變成長角的鬼。正如也有一說：「鬼（オニ／O-NI）」這個訓讀，讀音來自「隱」這個字，代表眼不見之物，古時候，大家認為所謂オニ（O-NI）就是沒有明確形體、無法看見的存在。

馬場曉子氏在著作《鬼的研究》中，主張可以將鬼分為5大類型，首先舉出的，就是在日本對鬼認識中最古老形式的「日本民俗學上的鬼（前來祝福的祖靈及地靈）」。日本自古信仰認為，海的另一端或山上存在與這個世界不同的世界，人的魂魄在死後會移到那裡、並往返於那裡和子孫所在的這個世界。從山上降臨的祖靈，是帶來豐收及幸福的存在，但是如果沒有用正確方式對待他們，就無法得到祝福。大家將這種人力不可抗的、超越人智的存在，稱作オニ（O-NI：鬼）或カミ（KAMI：神），並且敬畏祂們。

而古代人相信跟祖靈並列、看不見卻具備強大力量的，就是每個當地特有的靈、地靈。古代稱為「ヌシ（NUSHI：主）」的，像是散播疫病的可怕的大物主神，據說雄略天皇獻上自己武具、恭敬以對的葛城山之主——一言主神等，應該也算地靈。

住在「山裡」的鬼

天狗是一種住在山裡的鬼

在日本，山是一種特別的存在，是人死後靈魂歸屬之處、或是力量強大的神居住的地方。在佛教傳來之後，與日本古來的山岳信仰連結，再加上同時期傳來的道教等多種信仰，融合在一起，誕生了日本獨有的宗教——修驗道。而住在「山裡」的鬼就在這種環境中誕生。出自修驗道的山伏系的鬼，也就是天狗。

天狗最初出現在紀錄中，是在《日本書紀》舒明天皇時代，天空出現像流星的東西，名為旻的僧人解說「那是天狗」。天狗原本是一種飛天妖獸，在修驗道全盛時代，違反佛道教訓、陷入魔道。《太平記》中，有出現在深山裡召開顛覆幕府祕密會議的一群天狗，《今昔物語集》及南北朝時代的繪卷中，則流傳著天狗為了跟日本僧侶比法力，從大陸遠渡而來、被比叡山僧侶擊敗退去的故事。

如上所述，天狗跟山密不可分，被視為代表日本的天狗——「八大天狗」，以愛宕山的太郎坊為首，比良山的次郎坊、飯繩山的三郎坊，都以靈山或修驗道中樞地帶的山為據點。此外，修驗道傳說的開山始祖役小角也被描繪成與鬼關係匪淺的人物，身邊總是帶著兩隻鬼隨從。曾為九州修驗道一大據點的國東半島也有各種鬼傳說，至今依舊維持著人稱「修正鬼會」的傳統活動，由戴著鬼面具的角色祈願五穀豐收、無災無病。

《月百姿》〈吉野山夜半月　伊賀局〉
因是藥子之變主謀被殺的藤原仲成，靈魂化作天狗現身。

「佛」世界的鬼

隨佛教傳來的新鬼

「佛」世界的鬼，可說是在佛教經典中被「創作」出來的鬼，像是帶犯下罪行的人到地獄的獄卒鬼、折磨下地獄亡者的牛頭馬面、還有原本是印度鬼神的夜叉。

原本是一種外來知識傳入的鬼，就在人們深信佛教後，開始出現實際上遇到這些鬼的故事。以佛的救濟及因果報應的佛教思想為基礎而編成的《日本靈異記》、《今昔物語集》等佛教說話集中，收錄了許多大家遇見佛教系鬼怪的故事。

例如，《日本靈異記》中有一篇故事出現一位叫作楢磐嶋的男人，往來京城和地方，從事買賣維生。往京城的返家路上，在宇治橋被3隻鬼追逐。鬼說自己是閻魔王的使者，要來帶他赴黃泉，但因為磐嶋是幫忙寺廟工作，所以四天王（守護佛教的神）要這些鬼別帶他走。男人答應宰牛設宴款待，這些鬼表示會抓同姓同名的另一個人代替他下地獄，然後就消失了。

這些身為地獄使者的鬼，有時會被塑造成有機可乘的散漫性格，相較之下，在闡述佛的慈悲及功德的說話故事中，為了對比效果，會強調鬼的恐怖，例如身高1丈（約3公尺）、會在追著人跑時從嘴巴和眼睛放出雷光般火焰的食人鬼等，這些鬼最終也逃不過被佛或佛經力量打敗的命運。在《今昔物語集》中就有一篇故事，講述有2名僧侶在荒寺過夜，牛頭現身，殺死其中一人把他吃掉，剩下的那名僧人緊靠著毘沙門天像專心一志誦讀《法華經》，鬼最終被毘沙門天手中的戟斬成碎塊。

《十王寫》
鬼在佛的世界被描繪成地獄的居民。

萌生於「怨恨」的鬼

感情過深、由人化鬼

前面3種鬼，可以分類為神道系的鬼、修驗道系的鬼、佛教系的鬼，他們的共通點是，原本就是不同於人的存在。同時，也有一種模式是怨恨、憤怒等情感，讓原本是人的、變樣成鬼。最有名的應該是「道成寺」故事的主角清姬吧。她對僧侶安珍的愛戀無法獲得回報，怒火焚身，最後終於化成吐火的巨蛇，將自己愛的男人燒死。

同樣，由於對拋棄自己男人的嫉妒、復仇心而導致化鬼的是宇治的橋姬。她對京都的貴船明神許下「想活生生化作鬼」的願望，不久，遵照神的啟示，在宇治川沐浴21日後，如願變貌成可怕的女鬼。將插有點燃蠟燭的鐵環戴在頭上的樣子，也成為眾所周知的詛咒稻草人「丑時參拜」的根源。另外還有並非出自怨恨，只是挖出埋葬的屍體、食其肉，而漸漸化鬼的人，這或許可說是比較接近佛教世界的餓鬼。

歷史上含恨冤死的人，死後化為惡靈、大肆作祟，逼死他的人不但沒有把他當鬼、

《道成寺繪卷》
描繪清姬因嫉妒與復仇心而化為鬼，變成蛇身的模樣。

還當神來祭祀的例子也很多。這種類型的代表，是平安時代的公家——菅原道真。道真深受天皇信任，一度升至右大臣高位，卻因藤原氏的讒言，從京城被流放到九州的大宰府，失意而終。在他死後，天皇周遭相繼發生不幸，最後還發生了雷落在御所、造成傷亡的前所未聞事件。京城人人繪聲繪影，說是道真的魂魄化作雷神，雷擊御所，對前來晉謁的公家復仇。

道真被畫成雷神的樣貌，完全像鬼。以此為契機，道真被祭奉在北野天滿宮，最後成為學問和靈驗的天神，為人所信仰。

被視為鬼的「眾人」

被當作「鬼」的那些抵抗權力之人

自桓武天皇遷都起，維持了近400年的平安時代，有違其名，從遷都當下開始，一直是個稱不上「平安」的時代。數度派兵遠征蝦夷地、平將門等人在地方的叛亂也不斷，特別是越後期朝廷權力越趨弱，別說蝦夷地，連京城周遭的治安都陷入無法好好維持的狀態。在這樣的局勢中，平安京有許多盜賊集團和強盜，陷群眾於不安，這些不服從體制之人、在王朝統治之外的人，也被當作「鬼」、為人所畏懼。如果前述「萌生於『怨恨』的鬼」是被超常力量變成鬼的，那這些人可說是在現實世界中眾人恐懼、融合了各種傳說故事而化鬼（被變成鬼）的存在吧。

被視為「鬼」的，是那些在社會牆外的人

像這樣，自己選擇變成「鬼」的人們，組成集團，以距離京城不會太遠的山為據點，襲擊京城內、以及往來京城的人。東國與京城間的要衝——鈴鹿山，被視為鬼棲之地，也是基於這樣的理由。鈴鹿山的鬼，也留下了被視為女神的鈴鹿御前與名為大嶽丸的鬼、被著名征夷大將軍坂上田村麻呂討伐的傳說。

此外，作為鬼的頭目最有名的酒吞童子，也是以丹波的大江山為據點，頻頻襲擊京城，連高貴的公主都被擄走。最後酒吞童子被朝廷派遣的眾武士消滅，這也可以視為不服從王朝統治的勢力與權力的對立故事。以酒吞童子為首，茨木童子、星熊童子等大江山幹部級的鬼，名字裡都有「童子」，這也是身為不服從體制者的象徵。童子之名源自鬼都留著孩童的髮型——禿童，近代以前的時代，髮型是代表身分重要的標誌，成人後依舊堅持留著兒童的髮型。光憑這一點，已經顯示他們是處於社會牆外的人。

世間藐視為鬼的眾人

被描繪成怪物的不服之民

在正史中被塑造成鬼的反抗勢力

在鬼的5種分類中，最接近《鬼滅之刃》的鬼，應該是第5類：被當作「鬼」的那些人吧。因為他們跟明明身為人，卻在社會秩序之外、被描繪成抵抗人類社會的人的那些《鬼滅之刃》之鬼，有著相同的悲哀與特徵。所謂的不服之民（「まつろわぬ民〔MATSUROWANU TAMI〕」），指的是神話時代或古代，不服從天皇統治的那些人。所謂的「まつろう（MATSUROU）*」，寫成「服う」或「順う」，是服從、恭順的意思。

《古事記》及《日本書紀》中，有〈神武東征〉的故事，敘述初代天皇神武天皇自九州日向（現在的宮崎縣）出發，不斷旅行，最終在大和（現在的奈良縣）的橿原建都。故事中天皇一行人遇到的各地土著勢力，有的被用「土蜘蛛」這種藐視的名稱稱呼、有的外表被形容為長了尾巴的異形。神武天皇最大強敵是叫作長髓彥的大和土豪，他的名字也是強調腳很長†的異形這一點。

《日本書紀》中，有景行天皇表示：「山中有邪神、荒野有奸鬼」，命皇子日本武尊前往討伐的場面，跟神武東征一樣，天皇他們將不服從自己的先住民表現為惡神和騷亂的鬼。如果用現代的表現，就是給敵人「貼標籤」。

這種描寫從神話到進入歷史時代依舊被傳承下來。平安時代，朝廷軍的箭逐漸指向東北、蝦夷之民。坂上田村麻呂建清水寺、討伐蝦夷的故事被畫進繪卷《清水寺緣起繪卷》中，相對於騎馬身著英姿煥發盔甲的朝廷軍，蝦夷則是披頭散髮、衣衫粗鄙，被描繪成如鬼之姿。背叛天皇者、不服朝廷者、不認為順從這些體制是好事的勢力，就會被當權者塑造成「鬼」，為大家所懼。

* MATSUROWANU（=不服）是MATSUROU（服從）的否定表現。
† 長髓（NAGASUNE）的發音在日文同「小腿長」之意。

為何東北人民被視為鬼

被籠統歸為「蝦夷」的東方地方人民

陰陽道稱丑寅、也就是東北方位為「鬼門」。鬼門正如其字面的意思，是鬼（古代中國對死者魂魄的稱呼）出入之門，而在日本，「鬼」又被添加了可怕怪物的意味，因此，鬼門漸漸成為凡事需避諱的大凶方位。

對於將京城設於山城國的朝廷而言，東北地方正處鬼門方位；現實面，東北也有不服朝廷的蝦夷大集團這個問題。雖然通稱為蝦夷，他們並非單一氏族建立蝦夷國、成立蝦夷政權來對抗朝廷，而是以朝廷的角度來看，居住在東北、不服從的勢力全部都是蝦夷。對於以畿內為據點、控制了九州到本州大部分地區的朝廷而言，東北地方成了最後且最大的憂心。光是桓武天皇延曆年間（782～806），就數度組成遠征軍、反覆討伐蝦夷；大伴弟麻呂、坂上田村麻呂等戰鬥經驗豐富的將軍一個接一個奉命投入討伐行列。

朝廷之所以如此盡力討伐蝦夷，一方面也是因為東北地方是出產金等礦物資源的豐饒之地。延曆21年（８０２）、蝦夷之長——阿弖流為——等人投降，朝廷的大規模遠征落幕。基本的目的算是達成，不過之後東北地方依舊是一塊京城無法輕易統治的土地。建立中尊寺金色堂的奧州藤原氏花了4代的時間在東北地方建立了半獨立王國，是在田村麻呂時代約３００年後的事。東北地方，過去是個血液裡流著不服個性、對朝廷而言長期令人恐懼的「鬼之國」。

《撰雪六六談》〈蝦夷的信仰〉

反叛朝廷的對抗勢力，用「伐鬼」名義征討，就成了名正言順的理由。

不服之民與土蜘蛛

被視為鬼的另一股對抗勢力

就像東北不服之民被統稱為蝦夷，南九州也有被稱為熊襲、隼人的不服之民。蝦夷、熊襲這兩個東西氏族是不服之民最大的勢力，會連結到日本武尊的東征、西征傳說，當然，不難想像其他地區也有不服從大和王權的人。

這些各地的不服之民，往往被稱為土蜘蛛。出自「躲在土裡」的這個稱呼，含義是相對於蓋先進的房子、建立都市、在此生活的、有文化的公家人等，他們是住在洞窟等穴居的野蠻集團。《古事記》《日本書紀》中，有土蜘蛛性質存在的代表，是大和豪族長髓彥，而彙整了古代各國歷史、地理風土的《風土記》，則記載了相當多土蜘蛛的名字。

《常陸國風土記》有一段記述是，茨城有叫作八束脛的土蜘蛛。這個名字的意思是小腿（脛）有8束（約64公分）那麼長，和長髓彥有相通的意思。鬼的詞源，有一說是

源賴光公館土蜘作妖怪圖

反叛朝廷的那些人，被喊作土蜘蛛，隨著時代推移，被描寫為蜘蛛妖怪。

來自「おおひと（OOHITO：巨大的人）」，茨城有巨人大太法師傳說，可說與強調手腳長度的土蜘蛛有著有趣的共通點。

此外，土蜘蛛還有一項特徵：可以看到像豐後的五馬媛、肥前的大山田女、狹山田女、海松橿媛等，據推有許多是女族長的姓名。大家都知道從古墳、墳墓的出土例看來，古代日本曾有許多女性權力者。她們被當作土蜘蛛留下紀錄，或許她們其實是各地的「女王」。土蜘蛛是一種為捍衛自己土地跟天皇軍作戰、被擊潰，或是最終服從的存在。

被迫當鬼的人們

踰越社會秩序作惡多端的、那些原本是人的鬼

鬼是一種令人害怕、會加害於人的存在，但是，就像被稱為土蜘蛛、被趕出原本居住地區的眾人一樣，在古時候，也有人是被中央權力逼成鬼，不得不選擇那樣的生活方式。或者，應該也有些人是自願脫離體制、選擇作為鬼的人生。

芥川龍之介的小說《羅生門》的主角——下人，原本在羅生門下看到老婦從死人身上拔走頭髮，義憤填膺，最後自己卻化成奪走老婦衣服的搶劫犯，消失無蹤。這本小說是以《今昔物語集》〈羅城門登上層見死人盜人語〉為基礎的創作，其實平安時代朝廷力量也在後期衰微，就連原本應該是通往平安京入口的正門羅城門（羅生門）也變成橫屍四處、盜賊出沒的危險地帶。在這樣的狀況下，到後來甚至被傳羅城門住著鬼。《羅生門》下人的參考原型，或許是自願脫離制度，選擇當強盜、盜賊，也就是「走鬼走的路」。

有相當多的例子，都是眾鬼將人多的京城當作主要的「工作場所」，然後將據點設在隔絕平地的山裡。震懾平安京的盜賊——袴垂保輔，原本是誕生於藤原一族下級的公家，因為作惡多端，最後終於被放逐出京都，變成召集部下以逢坂山為據點的盜賊團首領。鈴鹿御前與大嶽丸這些鬼住的鈴鹿山、酒吞童子的大江山、還有袴垂的逢坂山，每座都是位於還稱得上是京都邊緣距離的山，逢坂山、鈴鹿山各自位於關卡交通要衝，也是邊界之地。盜賊鬼是以京都邊緣為據點，那些地方就成為不服朝廷這個中心、體制的眾鬼生存的場所。

《觀音靈驗記　秩父巡禮二拾五番》〈久那岩谷山久昌寺　奧野的鬼女〉

懷著身孕卻從村子被放逐出來的女人，為了保護孩子，化為鬼女。

住在山裡的女鬼

出現在山裡的眾美女

逃到山裡的遊女

山也是被體制排除在外的人生活的場所。平安時代中期所撰的《更級日記》中，記載深山中住了像遊女的一群人。據說日記主人菅原孝標女一行人住在足柄山山腳的晚上，從山裡出現3位遊女。年齡最長的差不多50，再來是20左右，最年輕的女子差不多14、15歲，安排她們在小屋前坐下後，其中一位年輕女子自稱：「我是一個以前當遊女、叫作『木幡』*的人的孫女。」她面貌姣好、聲音也美得澄澈。大家都很佩服，覺得她即使到武家工作也沒問題，女子又讓大家見識了她歌道的素養，據說最後甚至有人因為捨不得她離開而落淚。有研究考察，推測她們或許是「傀儡子」，所謂的「傀儡子」是用傀儡表演的集團，傀儡女則在歌及藝能之外，也有跟遊女工作性質接近的一面。

提到住在山上的女鬼，就會想到山姥。「姥」這個字容易讓人聯想到老婦，不過也有人稱她們為「山母」或「山姫」，聽說她們會以年輕女子的姿態現身，然後以美麗的聲音唱歌。或許她們也是被平地人或站在體制那一方的集團趕出來，或者是逃到山裡住的集團。

《觀音靈驗記　秩父巡禮廿九番》
〈笹之戶見目山長泉院　龍女〉
秩父山中每晚現身的龍女。山中有相當多出現美女的軼事。

＊ 原文為平假名「こはた（KOHATA）」。

大家都怕的山姥

住在山裡的鬼之代表例

山姥最有名的例子，就是住在足柄山的山姥。也可以把山姥想成跟鈴鹿山的鈴鹿御前、戶隱山的紅葉等一樣，也是女鬼的一種；不過山姥不像她們，很少會得到專有的名字。足柄山的山姥也沒有特別的名字，不過她撫養的男孩——說是日本最有名的男孩也不為過——就是足柄山的金太郎。金太郎長大後更名為坂田金時，以源賴光四天王之一的身分，加入了消滅大江山酒吞童子之戰，讓人感受到他跟鬼的因緣。

山姥在民間故事及傳說中也常常出現，對於以前的人而言，就是感覺如此常見的存在，應該也是他們真實恐懼感的顯現吧。在《牛方與山姥》這個故事中，在山中被山姥追逐，重要的牛也被吃掉的牛方（養牛人），半夜將山姥丟到鍋子裡，把她關在裡面燒死，達到復仇目的。有名的《三張護身符》中，山姥也是在一個在鬥智比賽中輸給和尚、結果被殺掉的角色。另一方面，也有民間故事敘述山姥是個大方、好心腸的怪物，會突然降臨村落，幫忙農事和紡紗，一瞬間就把一般人要做很久的事做好。

在這些故事的背景中，應該有山居之人和平地人間的衝突與交流歷史。此外，雖然會帶來災禍，同時也會帶來福氣，這種山姥的屬性，可說和最古老的鬼的類型——祖靈、地靈——相同。在平地失去住家、在山中找到棲身之處，如果這就是山姥，那麼，跟以酒吞童子為首的眾鬼的際遇，看來又更像了。

《芳年武者無類》〈阪田公時　源賴光〉
賴光四天王之一——坂田金時（右）是足柄山山姥之子，其相貌被描繪得跟鬼一樣。

後記 鬼滅了嗎？

《鬼滅之刃》的鬼消滅了嗎

《鬼滅之刃》，在《週刊少年JUMP》2020年24號（集英社）第205話完結。所有鬼的始祖鬼舞辻無慘被殺，導致所有傳承無慘之血的鬼全數滅亡，唯一例外是經珠世之手變成鬼的愈史郎。完結篇中，描述愈史郎因為並非繼承無慘之血，所以存活下來。不過，愈史郎不吃人、擁有和人類同樣的心智，其實應該可說與「鬼」並不相同。

那麼，鬼從此就不再出現了嗎？我們卻無法斷言。無慘本身是服下平安時代醫師用「青色彼岸花」為原料製成的藥才化作鬼；愈史郎也是珠世把他變成鬼的。

在《鬼滅之刃》中，鬼並非自然產生，而是人工製造出來的。完結篇裡，安排了發現讓無慘變成鬼的「青色彼岸花」情節，預留了鬼再度出現（被製造出來）的可能性。

所謂的鬼，就是帶來危害的「異質者」

在本書中介紹的鬼，有的來自山上、有的是反對朝廷或幕府體制的人、也有的是強烈懷抱「恨意」或「妒嫉」的不幸之人。共通點在於，他們來自被社會秩序、生活空間排除在外的地方，是會帶來危害的「異質者」。這不僅出現在（日本）日本古典文獻中，在近代太平洋戰爭中，之所以出現「鬼畜米*英」標語，也反映出將外來敵人想像成「鬼」的心態。

全球化及價值觀多元化、以社群網站為代表的溝通手段產生變化，相較於以往，現代人接觸「異質者」的機會可說顯著增加。在這樣的環境下，大家出自本能的一種防禦反應，就是視自己為「正義」的自我膨脹、以及對他人的攻擊。

*美（國）

現代社會不斷製造出新的鬼

在第4章裡，我們曾經舉出《鬼滅之刃》受歡迎的重要因素包括年號更迭和新冠肺炎。例如所謂「自肅警察」對新冠肺炎陽性反應者及歸國者的誹謗中傷等，可說正是這種對異質者的防禦反應顯著出現的例子。在「自肅警察」眼中，新冠肺炎陽性反應者及歸國者，應該是危害到己身安全的「異質者」，也就是鬼。

在此同時，不接受己身以外存在、並加諸攻擊的「自肅警察」，對於其他多數人而言，也成了「異質存在」，而他們本身並沒有察覺這一點。「自肅警察」，或許可說等同於《鬼滅之刃》中那些由於過去的痛苦和情結，導致肯定自我、否定他人的「鬼」。

面對鬼，不抵抗，他們就會加害於你，所以你必須設法抵抗鬼。但是，當你認定是鬼的對象，其實只是無害的「異質者」，那麼在這種情況下，把對方當成鬼，而攻擊這些「異質者」的那一方才是鬼。

這個社會任何人都可能化作鬼

在《鬼滅之刃》中，鬼被塑造成帶來危害、「必須消滅的對象」，卻有許多場景描寫主角竈門炭治郎對鬼展現同理心與同情，那種試圖貼近對方心靈直到最後一刻的姿態，令人不由覺得，在這個複雜化的現代社會中，關於和鬼的相處之道，彷彿為我們提供了一種示範。

正如現代社會「自肅警察」的例子，任何人都可能化作鬼，而這樣的鬼，不知道會出現在何時何地。《鬼滅之刃》的轟動，顯示了這樣的恐懼感，分分秒秒存在於現代人內心深處，而我們也可以由此推測，今後，新的鬼故事還會不斷出現。

即使在現代，鬼，依舊未滅。

參考文獻

『鬼滅の刃』全205話　吾峠呼世晴著　集英社
『鬼滅の刃公式ファンブック鬼殺隊見聞録』吾峠呼世晴著　集英社
『異界と日本人』　小松和彦著　KADOKAWA
『絵で見て不思議！鬼とものの け の文化史』　笹間良彦著　遊子館
『鬼がつくった国・日本 歴史を動かしてきた「闇」の力とは』小松和彦、内藤正敏著　光文社
『鬼と日本人』　小松和彦著　KADOKAWA
『鬼とはなにかまつろわぬ民か、縄文の神か』　戸矢学著　河出書房新社
『鬼の研究』　馬場あき子著　筑摩書房
『神隠しと日本人』　小松和彦著　KADOKAWA
『カラー版日本の神様100選』日本の神社研究会著　宝島社
『カラー版日本の神社100選 一度は訪れたい古代史の舞台ガイド』日本の神社研究会著　宝島社
『鬼滅の刃起源考察録』　ダイアプレス
『鬼滅の刃鬼殺隊血闘史』　鬼研究会著　コスミック出版
『鬼滅の刃最終鬼密文書』　ダイアプレス
『鬼滅の刃をもっと楽しむための大正時代便覧』　大正はいから同人会著　辰巳出版

『古神道の本』 学習研究社
『今昔妖怪大鑑 湯本豪一コレクション』湯本豪一 著 パイインターナショナル
『神社と神様大全』 宝島社
『神道の本』 学習研究社
『説話―異界としての山』 説話・伝承学会 編 翰林書房
『帝都妖怪新聞』 湯本豪一 編 KADOKAWA
『都道府県別 にっぽんオニ図鑑』 山崎敬子 著 じゃこめてい出版
『日本現代怪異事典』 朝里 樹 著 笠間書院
『日本の神話 完全保存版』 宝島社
『日本の聖と賤 中世篇』 野間 宏、沖浦和光 著 河出書房新社
『日本の歴史がわかる本 古代～南北朝時代篇』 小和田哲男 著 三笠書房
『明治妖怪新聞』 湯本豪一 編 柏書房
『歴史人物怪異談事典』 朝里 樹 著 幻冬舎
『歴史読本 特集 闇の王国 知られざる日本史の魔界』 昭和62年8月号 新人物往来社
『歴史読本特別増刊 事典シリーズ23号 日本「鬼」総覧』 新人物往来社

SPOT 26

鬼滅的日本史

鬼滅の日本史

作者　小和田哲男
譯者　李欣怡
責任編輯　江灝　封面設計　何萍萍
編輯協力　紀明瑩、賴亭卉、陳姵靜　排版　李秀菊

出版　英屬蓋曼群島商網路與書股份有限公司臺灣分公司
發行　大塊文化出版股份有限公司
臺北市105022南京東路四段25號11樓
www.locuspublishing.com
TEL: (02)8712-3898　FAX: (02)8712-3897
讀者服務專線：0800-006689
郵撥帳號：18955675　戶名：大塊文化出版股份有限公司
法律顧問：董安丹律師、顧慕堯律師

總經銷　大和書報圖書股份有限公司
新北市24890新莊區五工五路2號
TEL: (02)8990-2588　FAX: (02)2290-1658
製版　瑞豐實業股份有限公司

初版一刷：2021年2月
定價：新臺幣380元
ISBN：978-986-98990-4-8

Printed in Taiwan

國家圖書館出版品預行編目(CIP)資料
鬼滅的日本史／小和田哲男著；李欣怡譯. -- 初版. -- 臺北市：
大塊文化出版：網路與書發行, 2021.02
208面；14.8×20公分（SPOT; 26）
譯自：鬼滅の日本史
ISBN 978-986-98990-4-8（平裝）
1. 鬼靈　2. 日本史
298.6　109022334